U0463959

文史趣话

青梅煮酒

论三国

张学勤 著

四川大学出版社
SICHUAN UNIVERSITY PRESS

图书在版编目（CIP）数据

青梅煮酒论三国 / 张学勤著 . — 2 版 . — 成都：
四川大学出版社，2024.4
（文史趣话）
ISBN 978-7-5690-6661-6

Ⅰ . ①青… Ⅱ . ①张… Ⅲ . ①中国历史－三国时代
Ⅳ . ① K236

中国国家版本馆 CIP 数据核字（2024）第 051255 号

书　　　名：青梅煮酒论三国
　　　　　　Qingmei Zhujiu Lun Sanguo
著　　　者：张学勤
丛 书 名：文史趣话

出 版 人：侯宏虹
总 策 划：张宏辉
丛书策划：欧风偃　高庆梅
选题策划：蒋姗姗
责任编辑：蒋姗姗
责任校对：袁霁野
装帧设计：墨创文化
责任印制：王　炜

出版发行：四川大学出版社有限责任公司
　　　　　地址：成都市一环路南一段 24 号（610065）
　　　　　电话：（028）85408311（发行部）、85400276（总编室）
　　　　　电子邮箱：scupress@vip.163.com
　　　　　网址：https://press.scu.edu.cn
印前制作：成都墨之创文化传播有限公司
印刷装订：成都市新都华兴印务有限公司

成品尺寸：138 mm×210 mm
印　　张：7.5
字　　数：132 千字

版　　次：2017 年 8 月 第 1 版
　　　　　2024 年 5 月 第 2 版
印　　次：2024 年 5 月 第 1 次印刷
定　　价：48.00 元

本社图书如有印装质量问题，请联系发行部调换

扫码获取数字资源

四川大学出版社
微信公众号

写在前面
——读书读的是前人的灵魂

书架上有一本小书，明代陈继儒的《小窗幽记》，曾经出差途中翻一翻，读到"佳思忽来，书能下酒；侠情一往，云可赠人"。

忆起 2016 年所著《奇情壮采三国志》写在前面的话——"三国下酒"："行走蜀中，一壶浊酒，遍地英雄，激发了我许许多多的果敢与山山水水的情怀，字里行间隐藏了不少的刀光剑影，马踏沙场声。然而，那些都是舞台的场景，戏里戏外，最想写出的是三国英雄的神采与真性情。"

那些英雄的真性情，可以哭，可以笑，可以狂吟，可以长啸……总之，读起来，酣畅淋漓，如同明代的另外一位才子李贽在读了《三国志》之后，心潮澎湃，欲结交书中豪杰，大呼"吾愿与为莫逆交"！

今人读古人的书，实则读的是他们的灵魂。

如今图书馆中或者书店中陈列的书，书脊上是一个一个作者的名字，不同的年代、不同的国家、不同的地域，哪一本不是前人曾经用笔写下的自己的内心世界和他所处的外在世界呢？

尤其是历史书，学者罗晓东曾经讲"历史是时空运行的过程"，历史中的人物用生命沉淀下来的思想与轨迹，不正是他们永不散去的灵魂么？他们所思，他们所想，以及他们的坚持与抉择，都凝聚着他们在当时时空中的主张。

我轻轻地走过，轻轻地摩挲着，默默地注视着，若是打开书，便是走进了不一样的时空，碰到了不一样的人。林语堂在《读书的艺术》一文中写道："当他拿起一本书的时候，他立刻走进一个不同的世界；如果那是一本好书，他便立刻接触到世界上一个最健谈的人。这个谈话者引导他前进，带他到一个不同的国度或不同的时代，或者对他发泄一些私人的悔恨，或者跟他讨论一些他从来不知道的学问或生活问题。"

陈继儒写道："燕市之醉泣，楚帐之悲歌，歧路之涕零，穷途之恸哭。每一退念及此，虽在千载以后，亦感慨而兴嗟。"荆轲之辞挚友，项羽之惜虞姬，杨朱之

2

惑南北，阮籍之驾荒野，这些古人的痛，即便是在千载之后，都一样能够把后人打动，感慨叹息，如处其境。

读《三国志》，不同于读《三国演义》。《三国演义》有千回百转，击节拍案，而《三国志》有春山之中松林之幽深寂静，却气势绵连。

有很多人物在《三国演义》里寥寥数笔，以衬托戏份情节，跑个龙套。而在《三国志》里，他们则熠熠生辉、灿灿夺目，所展示的有士子的风骨，有相知的道义，有坦荡的情怀。读此书，如与书中人物相伴游学。

《三国志·魏书》中有王脩王叔治的传记，讲到他七岁丧母，母亲去世的那天是社日，第二年邻居们过社日，举办活动，"脩感念母，哀甚"。自古以来，人们都推崇古道热肠，人心宽厚，"邻里闻之，为之罢社"。所谓民风淳厚，不正是从这些朴素的同情心中体现出来的么？

善念滋养善念，少小得邻里照顾，稍长大的王脩，也常对人有济困扶弱之心。二十岁的时候，他游学南阳，住在张奉家。适逢他们一家疾病，旁人避之不及，而王脩亲自照顾一家人病愈才离去。

王脩本是北海营陵人，孔融为北海相，召他为主簿。时天下大乱，盗贼蜂起，北海郡中也有造反者。王脩得知消息，立即赶往孔融处，救困赴难。而孔融在造反者刚刚起事的时候，就对众人说："能冒难来，唯王脩耳！"话音未落，王脩已经到了门口。后孔融多次凶险，皆是依赖王脩营救。人贵相知，也就当得起这份奔赴。

袁谭在青州的时候，征辟王脩为治中从事，后来又任袁谭别驾。袁绍死，袁谭、袁尚兄弟自相攻击，王脩劝而无用，最终袁尚、袁谭皆为曹操所灭。当时王脩带领所部兵马前往救袁谭，走到高密，闻听袁谭已死，王脩下马号啕大哭"无君焉归"？主公、部属一场，曾有征辟举荐之谊，王脩拜见曹操，请求收葬袁谭尸首。

曹操诛杀袁谭，枭其首，下令"敢哭之者戮及妻子"，众人皆无声息，唯有王脩王叔治、田畴田子泰站出来说："生受辟命，亡而不哭，非义也。畏死忘义，何以立世？"二人认为曾受袁氏征辟之恩，如果能够收敛袁谭，即便是被杀了，也不悔恨。

二人为吊祭袁谭哭，哀动三军。军正报告曹操，问是否执行之前的命令，曹操竟然没有同意，他说："义士也。"赦免二人。

王脩、田畴以生命之危行道义，曹操盛赞而不惩罚，皆因道义的坚守和倡导，于乱世保守社会底线，是当时豪杰们所一致奉行并推动的。因为，天下终究是人心的天下，守得住人心的底线，才守得住天下。没有了信仰与价值的天下，必将分崩离析，生灵涂炭。

曹操破邺城，发现审配等人万贯家财，破南皮，看了一下王脩家，"谷不满十斛，有书数百卷"。曹操感叹："士不妄有名。"遂任命王脩为司空掾，行司金中郎将。由张舜徽主编的《三国志辞典》，解释司金中郎将为："官名。西汉盐铁官署大司农，东汉改属郡县，曹魏于太祖曹操时始置司金中郎将、司金都尉，秩比二千石，第四品，主管冶铁事、收利于中央。蜀亦置，主典作农具和兵器。"

《魏略》记载，王脩给曹操的书信中很谦虚地说，在职七年来，忠诚正直并没有显示，功业也没有见于事，"未尝不长夜起坐，中饭释餐"。主要是因为自己"力少任重"。

曹操给他回信，谈到了盐铁的重要性和司金中郎将设置的初衷，对于王脩，他评论："忠能成绩，为世美谈，名实相副，过人甚远。孤以心知君，至深至熟，非徒耳目而已也。"

不久，王脩迁魏郡太守，在任期间，抑强扶弱，赏罚分明，百姓爱戴。魏国建立后，王脩出任大司农郎中令，后调任奉常。奉常此职，黄初元年改名为太常，是九卿之一，秩中二千石，第三品，掌管宗庙祭祀礼仪，兼选试博士。

后严才造反，集合党羽攻打宫殿掖门。王脩听到信息，不等前来召集的车马，便主动率领部属步行到宫门，解决突发事件。曹操当时在铜爵台上，远远地望见有人到宫门，对左右说："彼来者必王叔治也。"

相国钟繇对王脩："旧，京城有变，九卿各居其府。"王脩说："食其禄，焉避其难？居府虽旧，非赴难之义。"依据以往的惯例，京城发生突发事件，九卿官员都是各自据守在自己府上，王脩认为食国家俸禄，不避国难，九卿守府虽是旧制，但不符合奔赴国难的大义。

王脩的身上，有一种关于"义"的德行与气质。一如那个时代众多的士子，他们有自己做人做事做官的价值标准，这种标准的相信与执行，便形成一种难得的力量。这种力量可以感召众人，使众人以一致的方向前行，前行的路进而成为一条社会发展的秩序大道，即人间正道。

对"义"的坚守与推崇，也是三国英雄们对自己人格的要求，即是对自己做了人生的承诺，并努力用实际的行动，甚至不惜以生命去捍卫自己的承诺。所以三国的文化与历史鲜活地流淌在后人的血液中，大家所熟悉的"刘关张桃园三结义""白帝城托孤",就有一种信守、一种承诺，以文化的经纬编织出中华民族的源远流长。

我们读《三国志》，从其中的英雄豪杰身上，读出的便是他们高贵的灵魂，他们灵魂深处所坚守的"义"。每一次读诸葛丞相的《前出师表》《后出师表》，都让人荡气回肠、心绪奔涌，为丞相的苦心孤诣所打动，为苦撑蜀汉政权危局的不易而叹息。

后世不管是正史还是野史，无论是评书还是戏剧，诸葛亮都高高地占据在神坛上，不仅仅是诸葛亮的忠君为国，更多的是尽职尽责的道义，既符合了鞠躬尽瘁的敬业标准，又达到了朋友之托的江湖道义。历史学家许倬云在《从历史看人物》一书中写道："关公代表义气，诸葛亮代表忠心，虽然都是针对刘备，却不是君臣之义，而是朋友之义。也就是说，如不是三顾茅庐的那种诚意，诸葛亮不会呕心沥血，为刘备的事业打拼，明知不可为而为之，撑住蜀汉的天下——这就是信守对朋友的承诺。关公对刘备则是结义兄弟，也可以说是对朋友一种长期的承诺，这是所有的纲纪伦常都崩溃以后，剩下来维系人伦关系的最后一条纽带。所以在说书人的理念里，诸葛亮与关公两个人成为英雄人物，他们的事迹为万古所称颂。"

我们读《三国演义》，不知不觉地进入了罗贯中布下的局，似乎三国的重心在蜀汉，蜀汉的重心从葭萌关起到剑门关终，都是在四川这片土地上发生。这或许也是有意而为，却无意而成，《三国演义》给四川留下了最为经典的三国，从武侯祠到简雍巷，从洗面桥到万里桥，都有三国英雄的印迹。

恰在今年的早春，前往平通，路过江油关，那便是邓艾自阴平道行无人之地七百余里，一举攻下的关隘。此后，成都便无险可守。到了平通，漫山遍野的古梅林，当时，春日阳光正暖，花开烂漫，我向山里人家要了一杯他们酿制的青梅酒，还有他们特制的青梅果，坐在青梅树下，梅花的花瓣簌簌飘落。

平通的古梅林，据当地山民说，此种树正是曹操与刘备青梅煮酒之梅树，树干黝黑，苍劲有力。此时的我，恍惚间，想起路过的江油关，想起曹孟德与刘玄德二人在梅子青青之时，煮酒论英雄！

情景相激发，我也陡然间脱口而出，竟是苏东坡的《前赤壁赋》："月明星稀，乌鹊南飞，此非曹孟德之诗乎？西望夏口，东望武昌，山川相缪，郁乎苍苍，此非孟德之困于周郎者乎？方其破荆州，下江陵，顺流而东也，舳舻千里，旌旗蔽空，酾酒临江，横槊赋诗，固一世之雄也，而今安在哉？"

苏轼在赤壁游，笔下便是"孟德之困于周郎"；我在古梅树下饮一杯青梅酒，想起的是曹操与刘备青梅煮酒论英雄。果然是，历史的空间往往会留驻历史的时间，"青山依旧""淘尽英雄"。

近日，广元市邀请海内外媒体及相关领域学者汇聚昭化古城，探讨蜀道文化在海外的传播，我应邀前往。昭化、剑阁、明月峡一路走下来，尤其是在明月峡，山川险峻，大河奔流，诸葛丞相的雕像雄视河山，他带兵北伐所过的栈道，沿着嘉陵江边的绝壁，盘桓蜿蜒，此时除了有"哀吾生之须臾，羡长江之无穷。挟飞仙以遨游，抱明月而长终"的山水巍峨之感，更多的便是诸葛丞相《前出师表》中"今当远离，临表涕零，不知所言"的那份赤诚与坚毅，涤荡心胸。《后出师表》中"凡事如是，难可逆见。臣鞠躬尽瘁，死而后已。至于成败利钝，非臣之明所能逆睹也"的那份执着与劳累，无不动容。

学者要有兢业的心思，更要有文化的情怀，我在做《三国文化与剑门蜀道》的主题演讲时，以一首触景生情写的小诗朗诵结尾：

嘉陵江的风，
猎猎地吹过蜀栈道连接的古城。

这是一代枭雄，

刘备的葭萌。

石板路上的马蹄印，

踏踏急促回响咚咚战鼓声，

锦马超在时光的隧道里，

正与猛张飞夜战挑灯！

两朝开济的诸葛孔明，

在此北上发兵，

出成都，屯汉中，

前后出师表，

沿起起伏伏的川陕古道，

遗迹留驻巴山秦岭；

刀枪剑戟的冷兵器，

生锈的青铜，

静静躺在博物馆，

诉说远古的梦想与血性；

这栈道啊，

在绝壁上穿行，

从长安城退守的明皇玄宗，

在朝天的明月峡，

写下思恋贵妃的雨霖铃。

蜀江水碧啊蜀山青，

朝朝暮暮哟栈道的情，

明月一壶酒，

醉了来来往往的古人今人。

清风万卷书，

写不尽剑门关披甲征伐的英雄，

大风吹，

江水冷。

我抚摸栈道，

泪如泉涌！

我读三国，读三国的英雄，如今在栈道上踏进了他们的时空，战马嘶鸣，执戈弯弓，在此与他们的灵魂相碰，不觉间泪如泉涌。

或许，也正是这个原因，这个学期的公选课"三国人物史话"有专门来蹭课的同学，有选了两次这门课的同学。正所谓教学相长，讲课同时，梳理讲义，洋洋洒洒，已是本书灵魂对话的千言万语。如同左宗棠的励志联："身无半亩，心忧天下；读破万卷，神交古人。"

在蜀地，青梅树下，一杯青梅酒，讲三国大义！

2017 年 5 月 1 日星期一

成都

目

录

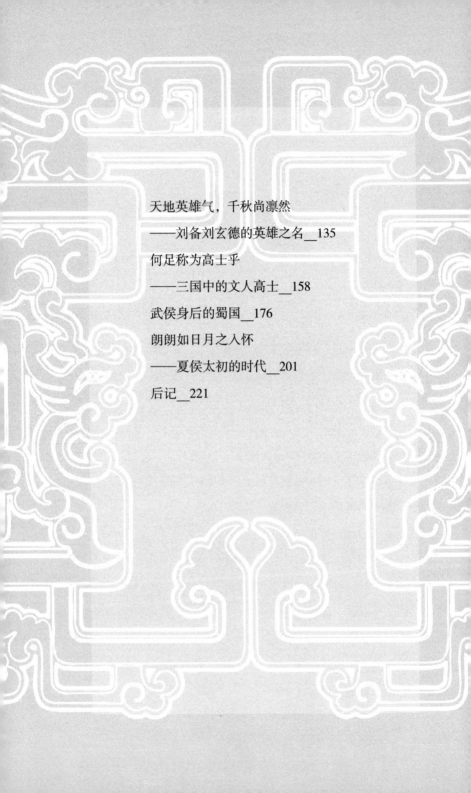

蜀汉江油关与司马昭之心

蜀汉江油关与司马昭之心，八竿子打不着的地方和人啊，有什么关联呢？笔者为什么一定要放在一起讲？

这其中有关联而且有大关联，尤其是都是关于政权的运势。

江油关，位于今天平武县的南坝镇，山水聚合，地理险要，是三国时期蜀汉的军事屯兵重镇，用以防御北方的曹魏。然而，后主炎兴元年，也就是公元 263 年，曹魏征西大将军邓艾，率大军从摩天岭滚下，奇袭江油关。蜀汉守将马邈献关投降，蜀汉政权大势已去，气数尽失。

故而，江油关对于蜀汉是一个政权消亡的征兆与符号，气势雄伟的山河多了几分历史的沧桑与厚重。

"司马昭之心，路人皆知"，则是从曹魏高贵乡公曹髦口中讲出的成语，形容野心过于明显。司马昭是曹魏后期权臣司马懿的二儿子，是司马师的兄弟，是西晋开国皇帝晋武帝司马炎的父亲，也正是司马昭奠定了西晋的基业。曹髦在讲这一句话的时候，也意味着曹魏政权的日落西山，运势不再。

简要地来说，江油关是蜀汉的生死地，司马昭是曹魏的致命人，都是关于政权的命运，而"命运"，从来都是神奇的，尽管，人们常说"命"乃弱者的借口，"运"是强者的谦辞。

一

要知道，在三国的时候，人们非常相信"命运"与"风水"之说，即便是做一个梦，都能呈现出吉凶祸福来。比如征西大将军邓艾，在伐蜀前夕，偶然间做了一个奇怪的梦，梦境中自己坐在一座山上，山上还有瀑布。邓艾觉得很是奇怪，就问身边的珍房护军爰邵，这梦怎么解。爰邵就说："按照《易经》卦上讲，山上有水曰《蹇》。那么就《蹇》卦来看呢，'《蹇》利西南，不利东北'。何况孔子曾经解释此卦是：'《蹇》利西南，往有功也；不利东北，其道穷也。'将军前往，必能克蜀建立功勋，但是，恐怕很难回来了。"邓艾听了，"怃然不乐"。

结果正如那个梦境的解释，邓艾自阴平道穿行原始森林，在无人烟的道路上艰难行军七百余里，可谓"攻其无备，出其不意"，与他自己预测的一样，此线路行军及出兵可以说是"去成都三百余里，奇兵冲其腹心"，乘虚而入，直捣蜀汉政权要害。

那年十月，邓艾的大军"凿山通道，造作桥阁。山高谷深，至为艰险，又粮运将匮，频于危殆。艾以毡自裹，推转而下。将士皆攀木缘崖，鱼贯而进。先登至江由，蜀守将马邈降"。并且，绵竹两战便大破诸葛瞻诸葛尚父子，兵临成都城下。

刘禅率领太子及群臣，绑了自己，带着棺材出军营请降，蜀汉三国英雄气到此，烟消云散。邓艾于是效仿当年邓禹事例，对蜀国君臣宽宏安抚，并根据职位高低任命蜀汉官员为曹魏官员。

十二月，曹魏皇帝下诏褒奖邓艾：出兵不到三个月，作战不到一整天，便席卷巴蜀，即使是白起破强楚，韩信克劲赵，吴汉擒拿公孙述，周亚夫平定七国，记功论美，都不足以和邓艾相比。任命邓艾为太尉，增邑二万户，封子二人为亭侯，各食邑千户。荣耀之下，得意冲心，邓艾忽视了政治的险恶，两次上书司马昭，陈述对蜀国的治理思路和以蜀国为基地讨伐孙吴的战略，并表示自己代表朝廷对蜀国君臣的安排是合乎时宜的。

在朝廷的司马昭觉得邓艾胆子有点肥，要知道，他邓艾不是邓禹，何况司马昭也不是刘秀。于是，司马昭赶紧让监军卫瓘告诉他等待上级批准，不可擅自决策。

谁知道邓艾功高之下，劲头上来了，还引用《春秋》的说法："大夫出疆，有可以安社稷，利国家，专之可也。"这相当于对司马昭说："将在外，君命有所不受。"此时的钟会、胡烈、师纂等人向朝廷报告，说邓艾想造反，据说擅长谍战的钟会还修改了邓艾给司马昭的书信。

朝廷下令用囚车押回邓艾，七十七岁白发苍苍的一代名将，仰天长叹："艾，忠臣也，一至此乎？白起之酷，复见于今日矣。"邓艾与儿子邓忠在他们父子斩杀诸葛瞻、诸葛尚父子的绵竹县，被卫瓘派遣的田续斩杀，另外，邓艾在洛阳的其他儿子也被诛杀，邓艾的老妻和孙子则被发配西域。

对于邓艾的人生来说，在短短的几个月之间，便实现了攀登高峰与跌入低谷，如同那梦，"《蹇》利西南，不利东北"，灭了蜀汉，自己却回不去了。

在绵竹建功，在绵竹陨落。有时候，人生也太过巧合。

二

我到绵竹出差的时候，当地的朋友对我说："我们绵竹是三国英雄之城，有血性。邓艾伐蜀的最后一战，就是绵竹，邓艾邓忠父子对阵诸葛瞻诸葛尚父子。诸葛瞻诸葛尚父子为报汉室，战死沙场，绝不投降。"感慨诸葛亮一门忠烈的同时，换个角度看这场战役，邓艾邓忠父子对于曹魏来说，一样也是英雄。

《三国演义》中第一百一十七回"邓士载偷度阴平诸葛瞻战死绵竹"中写邓艾带领人马前至一岭，"名摩天岭，马不堪行，艾步行上岭，正见邓忠与开路壮士尽皆哭泣。艾问其故。忠告曰：'此岭西皆是峻壁巅崖，不能开凿，虚废前劳，因此哭泣。'艾曰：'吾军到此，已行了七百余里，过此便是江油，岂可复退？'乃唤诸军曰：'不入虎穴，焉得虎子？吾与汝等来到此地，若得成功，富贵共之。'众皆应曰：'愿从将军之命。'"

邓艾亲自裹着毛毡滚下崖来，主帅冒死而行，身先士卒，副将们也效仿主帅，有毡衫者裹身滚下，无毡衫者各用绳索束腰，攀木挂树，陆续跟进。如同神兵天降，两千多将士，竟过了摩天岭，出现在江油关前，且高呼："愿死战！"

江油关建在一片平坦的坝子上，我2016年到平武出差，路过江油关，当时，正值寒冬，雄关巍巍，旗帜猎猎，关前江水碧绿，青山高耸。正逢军队在此演练，重装工兵在江中架桥。

一时间，明白先主刘备与诸葛丞相的良苦用心，在此处构筑关隘，正是兵家选址要塞的绝妙之处，滚滚涪江水既是水源又是天险。江油关四面环山，西北有凤翅山与鹰嘴岩对峙，涪江中流。关东南有夫子岩和箭杆岭并立，险峰林立，浑然天成的屯兵关隘。此处可以说是成都的护心镜，曹魏大军若过了江油关，成都便无险可守。

诸葛亮死后，蜀国基本丧失了励精图治的决心与能力，江油关也丧失了原有的警惕与战斗力，邓艾大军叩关，守将马邈不战而降。因为《三国演义》的影响，我们对蜀汉保有一种情感，一种正统传承的情感。实则三国纷争之时，文臣武将各为其主，势力的此消彼长，取决于人心的向背与选择。

江油关折射出的蜀汉军事，从来就不是简单的军事，而是国家政事管理与民心导向的凸显。刘备驾崩，孔明西去，将士百姓失去了一种价值凝聚力；政事衰落，本就国弱，主上却不思进取听信谗言；朝廷暮气昭昭，人才选拔机制陈旧，民众负担沉重。为谁而战？为何而战？都已经没有了最初的归属感。

再险要的雄关也不如长在普通百姓心坎上的感念。江油关在三国的历史上是一个光芒耀眼的符号，尤其是对曹魏来说，是国家稳定发展、统一大势实现的标志，而对于蜀汉来说，则是民心已去，朝廷上下已无感召力、凝聚力和斗志的标志。

三

当然，如果从蜀汉正统来说，人们当然难以接受马邈的不战而降。江油关对蜀汉来说是一种痛，所以，罗贯中在《三国演义》中，写了一位奇女子李氏，也就是马邈的妻子，对马邈说："汝为男子，先怀不忠不义之心，枉受国家爵禄，吾有何面目与汝相见耶！"因反对马邈开关降敌，后自缢身死，"艾感其贤，令厚礼葬之，亲往致祭。魏人闻者，无不嗟叹"。后人有诗赞曰："后主昏迷汉祚颠，天差邓艾取西川。可怜巴蜀多名将，不及江油李氏贤。"

《三国志》中并没有记载李氏这位英烈奇女子，可是，我站在江油关前宁愿相信，真有此人，真有此事。这样，才对得起三国那个烈烈的时代，才能激发后来人的情怀，才能昭示人们的力量源自人心，有尊严有勇气的人心才能赢得世人的尊重和历史的承载。不过《三国志》中也没有明确记载马邈的不战而降，只在钟会的传记中写道："会遣将军田章等从剑阁西，径出江由。未至百里，章先破蜀伏兵三校，艾使章先登。遂长驱而前。"其中的"伏兵三校"，大约三千人，也就是说当时的马邈应该是在江油关前设了伏兵，蜀汉和曹魏在江油关也是有战斗发生的，只是马邈战败而降。

后人把李氏的故事改编成京剧，1935 年 10 月 28 日首演于北京中和园，程砚秋饰李氏，侯喜瑞饰邓艾，曹二庚饰马邈，吴菊痴为编剧。这出戏就叫《江油关》，别名《亡蜀鉴》《李氏殉节》，后来川剧、湘剧、秦腔、滇剧也都有了此剧目。

时值日寇侵华，国土沦丧，国民政府消极抗日，程砚秋等人编演此剧，以示公愤。剧中的李氏规劝马邈，情真意切，义正辞严道："哎呀，将军哪，将军'降'字休出口，卖国的名儿愧煞女流。贼兵深入难持久，坚壁清野第一筹。粮草充足兵将有，军民一心守江油。邓艾孤军断了后，管叫他釜底游鱼把命休。"在规劝无效之后，李氏自刎前与娇儿诀别，尽诉不堪亡国之辱的一腔愤懑："那魏国强欺弱兴兵之寇，我蜀邦文贪武斗政事不修。贼兵到不投降便要逃走，眼见得好山河付与东流。但愿得儿长大洁身奋斗。"

江油关，江油关，我站在关前，江风从山口处吹来，拽着我的衣衫，吹乱我的头发，当年穿铁甲的将士，还有后来穿战袍的京剧演员，似乎都涌过来，一幕一幕地上演，都是生死大戏，而看戏的观众们才是主角，他们才决定着江油关的遗迹与再现，年年岁岁，岁岁年年。

四

人生如梦，梦如人生，正如庄周梦蝶，现实和梦境，往往难以说清，邓艾的人生和他的那场梦紧密地联系在一起。

邓艾邓士载少小孤穷，只是个放牛娃，完全依靠个人的努力奋斗晋身到上层社会，搁到现代社会，应该被人们称为"凤凰男"。邓艾十二岁随母亲到颍川，读到陈寔墓前碑文中的两句"文为世范，行为士则"，敬慕不已，于是将自己的名字改为邓范邓士则，后来发现同宗族中有相同姓名，才改为邓艾邓士载。

邓艾后来被司马懿所发现和培养，一路晋升，成为前线对阵蜀汉姜维的主要将领，姜维几乎不能从邓艾处占到什么便宜。陈寿在《三国志》中对邓艾的评价是："矫然强壮，立功立事，然暗于防患，咎败旋至，岂远知乎诸葛恪而不能近自见，此盖古人所谓目论者也。"说他是早就能够预见诸葛恪的发展走向，却不能看见自己的未来。

　　说到诸葛恪，那是东吴的太傅，掌管东吴军政大权，实属东吴后期的权臣，是孙权死后托付的顾命大臣之一。他年少聪慧，深得孙权的赏识与倚重，且出身名门，父亲为诸葛瑾，叔父为诸葛亮。

　　诸葛恪当权之后，出兵围攻合肥新城，却无功而返。众人担忧诸葛恪会再兴兵，邓艾如同当年郭嘉预测孙策一样，他对司马师说："孙权死后，东吴大臣对新的政权还没有形成凝聚力。吴国的那些名门大族，都各有私人武装，依仗武力各自形成了自己的势力，一个一个都是小山头。如今，诸葛恪刚刚主持国政，他不想着如何体恤上下建构政权根基，在尚未稳定的情况下对外发兵，全国动员，攻打坚城，死伤数万，兵败而归。这恐怕不仅仅是兵败，对他来说还是一种祸害，这种祸意味着诸葛恪离获罪的日子不远了。何况当年的伍子胥、吴起、商鞅、乐毅这些古代的名臣良将也都是受当时的君主信任重用的。""主没而败。况恪才非四贤，而不虑不患，其亡可待也。"

　　果如邓艾所预料，诸葛恪回到东吴，便在政变中被杀。陈寿详细地记录了当时邓艾对诸葛恪的清醒分析与准确预测。然而，邓艾能准确预测诸葛恪的结果，却没能预测自己的结局。

五

讲邓艾，怎么也绕不过钟会，那是一个完全不同的人物，却在同一地域同一时段，走上了不归路。

《三国演义》中，邓艾过了摩天岭之后，在抵达江油关的道路上看到道旁有一石碣，上面刻着丞相诸葛武侯题："二火初兴，有人越此。二士争衡，不久自死。""二火初兴"，正是炎兴元年（263）也。"二士争衡"者，则是指邓士载与钟士季也。"不久自死"，二人争功陆续被杀。这是罗贯中神话小说的写法，不过这也是历史的残酷。

钟会钟士季，是曹魏太傅钟繇的小儿子，从小就聪明早慧，闻名朝野。五岁的时候，被中护军蒋济称赞"非常人也"。长大后，多才多艺，知识广博，并且还夜以继日地读书，当然声誉不同寻常，仕途更是从秘书郎开始，一路掌握核心机要，是典型的精英"官二代"成长之路。

钟会先后负责司马师、司马昭兄弟的机要文书工作，并且是高级心腹参谋，帮助司马昭挫败了高贵乡公曹髦想掌握政权的企图，还帮助司马昭平定了诸葛诞的叛乱。可以说，司马昭很多的政策及战事，多是钟会的策划。司马昭对他"亲待日隆"，当时的人们都称钟会是"子房"，能被人比作张良，几乎是对谋臣的最高赞誉。但是，钟会很是低调，把因军功而获得的奖赏和官职辞

蜀汉江油关与司马昭之心

让，且不愿高就，依然在司马昭府上掌管文秘工作。后来出任司隶校尉，属于地方的行政职务，但是，朝廷内的政策动向和职务调整，钟会无不插手，就连嵇康等人被杀之事，背后也是钟会谋划的。

夏侯霸对钟会这个人有个评价："有钟士季，其人管朝政，吴、蜀之忧也。"说明钟会智略异于常人，对于蜀汉和东吴的生存来说，钟会或许就是推动政权变革的关键人物。

然而，钟会也有忌惮的人，就是耿直而富有战事经验的老将邓艾。司马昭当时想伐蜀，尽管曹魏上层斗争激烈，但是，民生得到休息，国力较为强盛。由于与蜀汉打了多年的仗，深知战事不易，朝廷内大多不支持司马昭伐蜀。只有钟会一人与司马昭想法相同，即便是邓艾也有很多的意见，司马昭不得不派师纂到邓艾处做工作。

于是，景元三年（262），钟会被封为镇西将军，假节都督关中诸军事。景元四年（263），曹魏派出三支大军，邓艾、诸葛绪各统帅三万人，而钟会则统帅十余万人，进发蜀汉。

在进军作战过程中，钟会找了借口把诸葛绪整回了朝廷，诸葛绪的军队也归属钟会指挥，前线可以说钟会掌握的军队力量最为庞大。刘禅在成都投降邓艾之后，姜维接到命令也不得不投降钟会。

六

蜀汉政权的土崩瓦解，意味着曹魏集团和蜀汉集团的矛盾解决，曹魏集团中的新矛盾开始呈现。钟会看着蜀汉的政权移交，看着铁流滚滚的将士服从自己的指挥，参谋纵横捭阖的力量开始升腾，那时的他有一种睡不着觉的兴奋感，驱使着他一步一步地走下去。

邓艾的骄傲和擅自行使朝廷权力对蜀汉事务的处理，给钟会提供了机会，历史总是让一个偶然给了另一个偶然的支点，便演变成为一个环节紧扣另一个环节的必然。钟会密告邓艾谋反，由于邓艾的耿直，工作中没少得罪人，故而胡烈、师纂等人也投诉邓艾谋反。司马昭就派卫瓘收了邓艾的军权，把邓艾押进囚车，运回长安。

邓艾废了，钟会一时间没有了对手，在成都，他突然间有了一种居高临下的孤独感。《三国志》中记载，钟会在邓艾被擒拿之后，"独统大众，威震西土。自谓功名盖世，不可复为人下，加猛将锐卒皆在己手，遂谋反"。

或许是钟会熟读历史，知道当一员大将灭了一个敌国时，朝廷是不知道该如何奖赏这样的功勋的，比如范蠡、文种、韩信，尤其是像他自己这种闻名天下的功勋。"我自淮南以来，画无遗策，四海所共知也。我欲持此安归乎！"他自己问他自己，陡然间生出一种危机感。

钟会倒是很欣赏姜维，原计划派姜维率领蜀汉的军队出斜谷，自己率领大军紧随其后，到长安，渡渭水与黄河，步兵与骑兵会师洛阳，天下可定，也就是几天的时间。

可惜，钟会是高级参谋人才，和马谡有点像，不接地气，他没有想过他对将士的引导与调动有多大的力度，也没有思考过为什么卫瓘拿着司马昭的亲笔信，邓艾大军就乖乖地放下武器，邓艾和儿子就会乖乖地束手就擒。如果没有朝廷的威力和司马家族的军政耕耘，怎么可能产生这么大的威慑力？

七

政治从来都是综合力量的整合，军事只是政治的爆炸点而已。政治要有价值观，要有政纲，要有人才，要有团队，要有时间的考验和反复的博弈；否则，司马懿就不用隐忍曹爽那么多年了，政治需要力量的此消彼长。

钟会没有想过，自己才经营了多少年？司马家三代精英，门生故吏，遍及朝野，邓艾这样的基层官员，都能被一路提拔，委以重任，在南征北战的部署中，司马家历练了无数的军政人才。而钟会简单地认为："事成，可得天下；不成，退保蜀汉，不失作刘备也。"这未免太天真，钟会想做刘备，身边可有关张赵？身边可有卧龙凤雏？身边可有魏延糜竺？都没有！钟会还是仓促地起事了，在成都，竟然被自己的手下将士在内乱之中砍杀，时年四十岁，远在中原的司马昭还没有动一兵一卒。

钟会看人很准，当年文帝曹丕的孙子高贵乡公曹髦14岁被迎立为皇帝时，司马师私下问钟会皇帝素质怎么样？钟会说："才同陈思，武类太祖。"也就是说文采可比曹植，武勇堪比曹操。但是，钟会没有认真地分析过司马昭，司马家三代人一个比一个沉稳开阔，都是不亚于曹操的主儿。

八

司马昭对大趋势看得很透彻，他牢牢地把握着历史发展的脉搏，那就是人心，所以，司马昭之心，路人并不知。路人看到了司马昭的野心，却没有看到司马昭顺应时代发展的雄心和远略。

就拿蜀汉的衰落来说，不仅仅是因为邓艾和钟会的攻打，他们只是蜀汉政权的推墙者。

《三国演义》中这样描述："共户二十八万，男女九十四万，带甲将士十万二千，官吏四万，仓粮四十余万，金银各二千斤，锦绮彩绢各二十万匹。余物在库，不及具数。择十二月初一日，君臣出降。"这其中的数据，道出了蜀汉灭亡更深刻的原因。"这就是其社会经济实力过弱，人民负担过重。试想全蜀人口94万，官吏兵将总和14.2万，脱离生产，吃皇粮的人数占总人口的15%，即6个人就要养一个吃皇粮的人，负担怎么能重？如果把94万人口中的女性去掉，老小去掉，姑且算37万人，那么就是两个生产者要养一个吃皇粮的官吏和大兵。"

蜀汉灭亡的时候，民众和官吏大多很平静，从邓艾和钟会在成都平稳的日子中就能看出。他们并没有遇到民众和普通官吏的反抗。

这一点上，司马昭看得很透彻，民心才是最大的力量，民心所向，任你是邓艾还是钟会，都改变不了的。

九

《三国志·魏书·钟会传》中陈寿记录了司马昭的一段话，讲得非常清晰。司马昭打算讨伐蜀汉的时候，就有人提醒，也就是西曹属邵悌求见说：现在，你要派钟会统师十多万大军讨伐西蜀，我认为，有点不合适。因为，钟会单身啊，没成家，朝廷内没有特别亲近的人做人质，万一造反，另立政权，不如换别人去。司马昭笑笑说："夫人心豫怯则智勇并竭，智勇并竭而强使之，适为敌禽耳。惟钟会与人意同，今遣会伐蜀，蜀必可灭。"因为，钟会的战略思路和司马昭是一致的，他一定会想办法克敌制胜，完成灭蜀大业，敢做源于他敢想，别人是做不到的，只有钟会可以完成。司马昭接着分析，"灭蜀之后，就如卿所虑"。即便是钟会想造反，但是，他能办成什么事情呢？"凡败军之将不可以语勇，亡国之大夫不可与图存，心胆以破故也。若蜀以破，遗民震恐，不足与图事。中国将士各自思归，不肯与同也。若作恶，只自灭族耳。"

"心胆"才是根本所在，司马昭之心，早已经看透了西蜀民众的心理，即便钟会造反，他没有任何的支持力度。没有了精神力量支持的国家，也自然不会有什么战斗力。派钟会去，是相信钟会的心力；不怕钟会造反，是看透了西蜀的心胆。即便是钟会被杀之后，东吴起兵进攻西蜀，蜀国的巴东太守罗宪并没有选择与东吴结盟兴复汉室，而是向魏军求救，阻止了东吴的进军。因为蜀国的心胆早已经没有了"胆"，成不了任何事。

十

蜀汉政权气数已尽，不仅是司马昭看得清楚，远在战场之外的东吴后来的丞相张悌也看得清楚。并且，张悌在丞相的职位上，还看到了东吴的结局，并以身殉国。

当别人问及曹魏伐西蜀的状况时，张悌说："司马懿父子，自握其柄，累有大功，除其烦苛而布其平惠，民心归之，亦已久矣。故淮南三叛而腹心不扰。曹髦之死，四方不动，摧坚敌如折枯，荡异同如反掌，任贤使能，各尽其心，非智勇兼人，孰能如之？其威武张矣，本根固矣，群情服矣，奸计立矣。今蜀阉宦专朝，国无政令。而玩戎黩武，民劳卒弊。竞于外利，不修守备。彼强弱不同，智算亦胜，因危而伐，殆其克乎！若其不克，不过无功，终无退北之忧，覆军之虑也，何为不可哉？"张悌的言语中肯定了司马家族的政绩民心，判断了蜀汉宦官专政的结局。

当晋军伐吴的时候，张悌身为丞相，率领三万人马渡江作战，开战之前他对同僚说："吴之将亡，贤愚所知，非今日也。"可见，东吴的国势之衰，早已经是"金陵王气黯然收"了。

看邓艾，看钟会，当知，司马昭之心，早已经看到民众心的底和心的力。

治世之能臣，乱世之奸雄

——如何看曹操

说曹操是英雄，是因为他在乱世，基本上扫平了群雄，匡扶汉室，使百姓安居乐业。所以，太尉桥玄最初就识别曹操为一代英雄，并对曹操说："天下将乱，非命世之才不能济也，能安之者，其在君乎？"

至于当时喜欢品评人物的许劭，搞了一个榜单"月旦评"，曹操就曾经问他："你看我怎么样呢？"孙盛在《异同杂语》中写道，许劭不理会曹操，曹操非要让许劭点评，实在拗不过，许劭就说："子治世之能臣，乱世之奸雄。"曹操竟然开心地大笑而去。

至于后来的董昭给荀彧写信称赞曹操，也算是中肯的："今曹公遭海内倾覆，宗庙焚灭，躬擐甲胄，周旋征伐，栉风沐雨，且三十年，芟夷群凶，为百姓除害，使汉室复存，刘氏奉祀。"也就是说，曹操其实做到了既保汉室，也安百姓的工作。

那为什么说曹操是奸雄呢？其主要的理由是曹操"挟天子以令诸侯"。尤其是，我们最熟悉的两个人诸葛亮、周瑜便是持此观点的。

刘备三顾茅庐，拜访诸葛亮。两个人一见面，诸葛亮就在《隆中对》中讲："今操已拥百万之众，挟天子而令诸侯，此诚不可与争锋。"

曹操得了荆州，准备讨伐江东。孙权召集群臣商议对策，周瑜的同事们都说："曹公豺虎也，然托名汉相，挟天子以征四方，动以朝廷为辞，今日拒之，事更不顺。"周瑜则说："操虽托名汉相，其实汉贼也。"

可见，西蜀和东吴这两个后来的对手，对曹操的帽子都扣得很大，基本上是三个调子：第一个，对待汉献帝是挟持；第二个，对待大家，是假借朝廷的名义讨伐；第三个，这种做法就不是个好人，不正大光明，就是个贼，就是个奸雄。

不过，这奸雄的帽子，却不是诸葛亮和周瑜送给曹操的，因为，更早的时候这个说法就已经有了，不过那个时候还不是帽子，只是一种说法。

一

这种说法，源自于袁绍手下两个谋士：一个是沮授，一个是田丰。

沮授和田丰都是袁绍手下最为得力、最有远见，也最为忠诚的谋臣。袁绍若是按照他们两个的战略与战术，恐怕就没有曹操一统北方的份了，甚至可能也就不会出现后来的三国鼎立。只可惜，沮授和田丰没有跟对领导。袁绍心胸狭隘，见不得手下人比自己高明。就好比一个单位的领导，最担心手下人出成果，自己的主要工作就是在办公室中不断地调换办公桌的位置，寻找最佳的风水宝地。

最初，沮授其实是想让袁绍把汉献帝接过来，增加政治资本。因为当时的天下，朝廷流亡，宗庙毁坏，各地方拥兵者大都是外托义兵，实际上是相互攻击，没有人真正地拥护主上，体恤百姓。于是，他对袁绍说："且今州城粗定，宜迎大驾，安宫邺都，挟天子而令诸侯，畜士马以讨不庭，谁能御之！"可惜，袁绍看不到实际的效益，眼光短浅，没有采纳。

沮授这个建议，根据史书的记载，田丰也提过，"若挟天子以令诸侯，四海可指麾而定"。只是晚于沮授，也算是英雄所见略同了。

但是，这两个建议，袁绍都没有实施，曹操却实现了。袁绍吃不到葡萄，只能把帽子扣到曹操头上。在袁绍的眼里，曹操算什么东西，小时候还是自己的小跟班，跟屁虫一样地跟着自己混，突然有一天，他挟持了皇帝，竟然高居于自己之上，颐指气使，这简直就是一种耻辱。

二

袁绍有一次怒气冲冲地对别人说：曹操有几次差点死掉，都是我救了他，"今乃背恩，挟天子以令我乎"！也就是说，曹操算老几？现在竟然挟持天子，来对我指手画脚？

于是乎，曹操奸雄的帽子就被扣死了。根据传播学上专门研究宣传的有效方法，"扣帽子"就是典型的"辱骂法"。

但是，沮授、田丰、袁绍都不认为自己是奸雄，却反而认为曹操做了这事就是十恶不赦的奸雄，刘备、孙权、诸葛亮和周瑜也就把这个奸雄的帽子更加结实地扣到曹操身上。

不过，在别人看来，曹操也的确是这样做的，把汉献帝千方百计地接到自己的身边，开始堂而皇之地号令天下。

而曹操自己，还有他的阵营，却不是这样认为的，因为，从一开始，他们的战略定位与战略思路就与袁绍阵营中谋臣思考的不在同一维度上。

巧的是，曹操身边的两位谋臣，一位是毛玠，一位是荀彧，提出了类似的政纲。毛玠对曹操说："今天下分崩，国主迁移，生民废业，饥馑流亡，公家无经岁之储，百姓无安固之志，难以持久。今袁绍、刘表，虽士民众强，皆无经远之虑，未有树基建本者也。夫兵义者胜，守位以财，宜奉天子以令不臣，修耕植，畜军资，如此则霸王之业可成也。"曹操是"敬纳其言"。

荀彧有远见卓识，最初出道的时候跟着韩馥，袁绍夺了冀州牧韩馥的地盘后，荀彧只好从属袁绍，袁绍对待他也是以上宾之礼。并且，荀彧的兄弟荀谌，还有同乡辛评、郭图这一班士子们，都在袁绍的阵营中工作。一段时间后，荀彧观察了袁绍的气量和心胸，觉得此人难成大事，果断地用脚投票，投奔时任奋武将军的曹操，曹操大悦："吾之子房也。"曹操把荀彧看作辅佐自己的张良张子房。说起来，包括后面要讲到的董昭，这些厉害的角色，都是袁绍的老部下，后都纷纷投奔曹操。

正如后来荀彧与曹操聊起袁绍来，"今与公争天下者，唯袁绍尔。绍貌外宽而内忌，任人而疑其心，公明达不拘，唯才所宜：此度胜也。绍迟重少决，失在后机，公能断大事，应变无方：此谋胜也。绍御军宽缓，法令不立，士卒虽众，其实难用，公法令既明，赏罚必行，士卒虽寡，皆争致死：此武胜也。绍凭世资，从容饰智，以收名誉，故士之寡能好问者多归之，公以至仁待人，推诚心不为虚美，行己谨俭，而与有功者无所吝惜，故天下忠正效实之士咸愿为用：此德胜也。"

荀彧从度、谋、武、德四个方面，对袁绍和曹操做了对比分析，的确是深入骨髓的判断。比如，官渡之战中，田丰提出诚恳建议，袁绍不采纳，还把田丰下狱，战后兵败，证明田丰的策略判断正确，袁绍回来没有反思和感谢，竟然把田丰杀了，原因是："吾不用田丰言，果为所笑。"为了面子问题，竟杀骨鲠之谋臣。

就是这样一位了不起的荀彧荀文若，给曹操提出了三大政纲："诚因此时，奉主上以从民望，大顺也；秉至公以服雄杰，大略也；扶弘义以致英俊，大德也。"荀彧清晰地把握了当时的大趋势：士子盼归心，民心思安定。他说道，"义士有存本之思，百姓感旧而增哀"。当然要"奉主上以从民望"，这是顺应民心，顺应潮流。并且荀彧还提醒曹操，赶紧执行；否则，为他人所先，后悔不及。曹操便立即到洛阳，把天子迎接到许昌。

从上面的对比，我们会发现一个很有趣的现象，袁绍、田丰、沮授团伙和曹操、荀彧、毛玠团队，说的是同一件事，格局定位与说法却大不相同。

三

对待天子，袁绍他们是"挟"，曹操他们是"奉"。目的呢？袁绍他们是"令诸侯""征四方"，曹操他们是"从民望""令不臣"。我们能读出来的是袁绍集团是为自己的私利，曹操团队是为匡扶天下和收拢民心。

袁绍盯的是利益，曹操看的是道义。易中天老师在他的中华史《三国纪》中的点评很有意思，"显然，荀彧着眼于义，沮授着眼于利。荀彧始终紧扣一个主题：捍卫现任皇帝就是维护国家统一，这是'大义'。沮授则反复强调一个策略：掌握现任皇帝就能拥有政治资本，这是'大利'。格调和品位高下立判。谋士的格调就是东家的品位。沮授晓之以利，说明袁绍重利；荀彧晓之以义，说明曹操重义。"

后人的归纳与总结，其实，都应该回归到袁绍与曹操共同起兵的那一幕，帅旗下，两位将军骑在马上进行了对话。袁绍问曹操："若事不辑，则方面何所可据？"如果咱们战事不顺，何处可以退守安全呢？曹操没有直接回答，而是反问袁绍："足下意以为何如？"袁绍昂一下头，雄厚的家世与家底，总是在某个时刻让他很骄傲，他说："吾南据河，北阻燕、代，兼戎狄之众，南向以争天下，庶可以济乎？"

曹操在马上，把眼光缓缓放在远处的山川中，则说："吾任天下之智力，以道御之，无所不可。"接着，又说："汤、武之王，岂同土哉？若以险固为资，则不能应机而变化也。"

一个在天下的格局中，以道义聚合天下英雄的才智，什么地方都可以取胜；一个是着眼于现有的势力格局，依靠原有的资本争夺政权，却没有足够的底气，更没有治国安邦、拯救黎民百姓的大道之义。

袁绍与曹操的差别太明显了，二者比拼，结局可想而知。

四

荀彧直接就在官渡之战胶着状态的时候下了结论："绍，布衣之雄耳，能聚人而不能用。夫以公之神武明哲而辅以大顺，何向而不济？"荀彧把袁绍看得太透了，说袁绍也就是一个凡人中的突出者而已，能够聚集人，却不能大胆用人。官渡之战，大胆地整，绝对能赢！

所以，不一样的领导心胸与气质，不一样的格局，必然是聚合了不一样的下属。就如同一所高校的领导一脸骄横，逢人就说："我是正厅级。"对员工进行培训，上去就讲："我前两天在会上见了某某长官出席，感动得很。你们这些院系部门负责人都是官员啊，能体会到不？"遇到有领导给学生求情打招呼的事情，他还沾沾自喜地说："我接了'一品大员'的电话。"这句话特别像阿Q见了城里的赵老爷，回来就对众人炫耀："赵老爷和我讲话了。"可想而知这所学校的乌烟瘴气，官僚遍地，师生遭殃。而另一所大学的校长则时常提醒大家："学校教书育人，重在教师。"这所学校必然是求真务实、乐教乐学的。

不同的政策导向，决定了不同的人才聚合，也最终决定了袁绍与曹操之间的竞争结果。荀彧对曹操说："夫以四胜辅天子，扶义征伐，谁敢不从？绍之强其何能为？"

天下大势，浩浩汤汤，顺之则昌，逆之则亡。如此看来，曹操的确是一位纵横四海、收揽俊才的英雄。他有那份"山不厌高，海不厌深，周公吐哺，天下归心"的心。

奉天子以从民望
——行大义，聚众人

前文中讲到曹操手下谋臣荀彧、毛玠提出了"奉天子以从民望"的政纲策略，把曹操的事业格局放在了匡扶汉室、拯救黎民的大义上。但是，这是由谁来执行的呢？是董昭董公仁，曹操的得力谋士，曹魏的开国元勋。

说起这个董昭，最初的时候，恰恰是袁绍的部下，颇有功勋。而且，董昭在帮助曹操落实"奉天子以从民望"这一战略的时候，还不是曹操的团队成员，甚至还没有见到曹操，也就是说，所有的工作都还是地下工作，或者说是董昭个人的自愿行为。

一

董昭是济阴定陶人，年轻的时候举孝廉，为袁绍帐下参军。袁绍当时与公孙瓒为敌，由于公孙瓒的兵力强，钜鹿太守李邵及一些官吏等人就想投靠公孙瓒。于是，袁绍就命令董昭兼任钜鹿太守，并问他：你去了，打算怎么收拾这个局面呢？董昭说：我一个人的力量不足以很快就摆平众人，何况人心各异，我打算去了与他们保持相近的意见，等了解了实际情况，再采取适当的措施。计策是实际问题实际应对，现在是无法说的。

董昭发现钜鹿郡中大户人家孙伉等数十人为主要的谋划核心，他们煽动众人，搅扰民心与秩序。董昭便假造了袁绍的官方檄文，在郡中发布公告：从贼人安平与张吉处得到消息说，准备攻击钜鹿，孙伉等人为内应，公文到即按照军法对孙伉进行处置，只处理本人，不牵涉妻子与孩子。董昭根据布告命令，对孙伉抓捕斩首，速度之快，效率之高，令整个钜鹿郡的百姓很是震惊，随即董昭还带领部下逐家安慰，事态慢慢平息。

待到钜鹿郡平息后，董昭报告袁绍，袁绍对他的做法很是称赞。随后袁绍又派董昭到魏郡平乱，所到克捷，可见董昭的卓越胆识与灵活应变的军政能力。

可惜，董昭的弟弟董访在张邈的军中，而张邈又和袁绍有矛盾。这一点就像诸葛亮效忠刘备，诸葛瑾效忠孙权，各尽其职，相安无事，井水不犯河水。刘备和孙权都做得到，袁绍却做不到，因为袁绍是小心眼儿。

袁绍自己就喜欢听家长里短，手下人自然相互攻击。有人以董昭之弟在张邈军中为由，说董昭不可信，袁绍就彻底忽略了董昭的才能，准备对董昭治罪。董昭不得不逃离，自谋生路。

二

董昭本来想去拜见汉献帝，在路上却被张杨所留，算是跟张杨混了一段时间。或许这一段时间中，董昭便开始对天下的割据力量进行观望分析，像袁绍这种容不了天下英雄的主，迟早要完蛋；而大气开阔的曹操进入了董昭的视线。当时曹操出任兖州牧，派人到张杨处，说是想借道往西去长安，张杨没有答应。当然，当时的曹操还不是兵强马壮的曹操。

董昭就劝说张杨："袁、曹虽为一家，势不久群。曹今虽弱，然实天下之英雄也，当故结之。况今有缘，宜通其上事，并表荐之；若事有成，永为深分。"经他劝说，张杨同意了曹操使者通过，还上表汉献帝，举荐曹操。

董昭不仅劝说张杨帮助曹操，同时，还以曹操的名义写信给长安的诸位将领，如李傕、郭汜等人，并且根据他们的职位权力不同，疏通关系。如此看来，董昭就是曹操的编外友好人士，并且还是主动工作的志愿外联部长。

建安元年（196），汉献帝回到洛阳，护送皇帝的几位将领，韩暹、杨奉、董承及张杨之间关系恶化，意见不合。董昭发现杨奉的兵马较强，但是外援很少，就又以曹操的名义写信给杨奉，大概意思是：我对将军很早就倾慕不已，所以呢，我才真诚地写信给你，坦诚沟通。你能够把皇帝解救出来，还于旧都，这样的功勋，空前绝后，无人能比！不过，现在呢，天下大乱，群雄逐鹿，最重要的还是拥护朝廷、重建秩序。这就需要众多的人一起努力，靠你一个人也不行。这是一个系统工程，犹如心腹与四肢，缺一不可。我觉得，你在内统筹，我在外支持，何况我粮草丰足，你军力强盛，相互支撑，互通有无，同舟共济，死生契阔。

这一封信赞誉之足，犹如一碗迷魂汤，灌得杨奉四体通畅，飘飘欲仙。要知道过于好听的阿谀奉承，都是要命的毒药，杨奉早已经没有了应该有的警惕和清醒。

杨奉看完信后，高兴地立刻告诉诸位将军：各位，曹操的兖州军，有粮食有兵马啊，何况他对我仰慕已久，还打算和我们一起合作，前景无量。于是，杨奉赶紧联合众人上表举荐曹操为镇东将军，承袭爵位费亭侯。

三

从张杨到李傕，再到杨奉，曹操来洛阳的道路与关系，董昭像排雷一样都已经疏通，曹操便顺顺利利地到了洛阳。见到董昭，曹操也很坦诚，直接问董昭：我应该怎么办？董昭也很直接地分析道：如果你在洛阳待下来，辅佐皇帝，诸位将军恐怕不服，各有利益，必然会发生新的动乱，对你更不利。最好的办法，就是把汉献帝接到许县。但是，因为朝廷流离失所，如今刚回到洛阳，稳定下来，远近都在喘气，希望朝政安定。突然间，又要移驾，众人估计不大愿意。相比较两者，唯有采取非常的措施，方能建立非常之功勋，将军唯有衡量利大于弊。

当曹操还担心杨奉的兵力时，董昭就说，杨奉没有什么外在的军力支援，并且，你的镇东将军职位和费亭侯的爵位都是杨奉争取的，很是可信。只需要更进一步地答谢馈赠，安抚其心。我们找个理由，就说是洛阳粮食不足，需要把皇帝接到鲁阳，鲁阳又距离许县近，这样转运粮食方便。杨奉这个人勇而无谋，不会考虑那么周到细密，等他缓过神来，我们已经办妥当了。

曹操一拍大腿，大叫：太好了！

随即，曹操便把汉献帝接到了许县，开始了"奉天子以从民望"的战略部署。等到张杨、杨奉这些人醒悟过来的时候，早已经晚了，这些人相继被灭。

再好的战略思想，也需要有人来执行，来推动，来实现。所以，曹操后来对董昭非常倚重，主要是董昭懂得布局，而且还是布局的高手。

四

富兰克林·罗斯福总统的夫人艾丽诺·罗斯福有一句名言是："伟大的头脑谈论想法，中等的头脑讨论事件，弱小的头脑谈论人。"也有人对这三种人进行解读："让事情发生的人，看着事情发生的人和根本不知道发生了什么的人。"

如此看来，董昭就是谈论想法，并让事情发生的人，而袁绍等人只是看着事情发生的人，张杨、杨奉等人则是根本不知道发生了什么的人。

历史学家吕思勉先生在《三国史话》一书中总结这一段历史，对董昭的眼光和胸怀评价甚高："这一次的事情，得董昭的力量实在不小。董昭并不是曹操的谋臣策士，而如此尽力帮他，那是由于扰乱之际，顾全大局的人总要想大局安定。而要想大局安定，总要就有实力的人中拣其成气候的而帮他的忙。这是从来的英雄所以能得人扶助的原因。明朝的王阳明先生说：'莫要看轻了豪杰。能做一番大事业的人，总有一段真挚的精神在内。'"

一句话，得道者多助，失道者寡助。

诸葛丞相读书的效率与
曹丞相读书的效果

近日，听吴伯凡在《伯凡日知录》中讲关于时间管理的话题，他谈到管理学家德鲁克第一次区分了效率与效果这两个概念，尤其是德鲁克认为世界上最没有效率的事情就是以最高的效率做没有效果的事情。所以，吴伯凡认为管理时间如果是没有创造价值的话，那就是浪费，只有管理能量才是以效果为出发点创造价值。

用一句当下的语言来说，一切不创造经济效益和社会效益的活动，都是耍流氓。

有人说："把伯凡老师这篇文章 3 分钟阅读完是效率，但能够写出评论，把伯凡老师的认知转化为自己的认知才是效果；读书多是效率，写作多实现效果。"这个点评很形象地解释了效率与效果的差别，效果是能量的转化，而效率没有产生能量的转化，如果从知识转化的角度来说，效果的判断标准其实是能否实现"知行合一"，效率是"知"，效果是"行"。

在管理中要实现能量的转化，其实是侧重效果的实现，也就是侧重于功用。在三国中，同样的体现就是曹操所秉持的观点："治平尚德行，有事赏功能。"关键时候好使，依靠的是能力与做事的效果。

一

三国中要说读书效率，谁的最高，当属诸葛孔明，因为他的读书方法不同于常人。诸葛亮在荆州耕读的时候，与石广元、徐元直、孟公威几个人在一起。"三人务于精熟，而亮独观其大略。"也就是说，诸葛亮看书选择重点，掌握概要思想即可。

如果按照那个年代读史书的习惯，诸葛亮应该很是熟悉《史记》中《陈丞相世家》的章节：汉文帝在朝堂上就政事管理与右丞相周勃和左丞相陈平的对话。

居顷之，孝文帝既益明习国家事，朝而问右丞相勃曰："天下一岁决狱几何？"勃谢曰："不知。"问："天下一岁钱谷出入几何？"勃又谢曰："不知。"汗出沾背，愧不能对。

于是上亦问左丞相平。平曰："有主者。"上曰："主者谓谁？"平曰："陛下即问决狱，责廷尉；问钱谷，责治粟内史。"上曰："苟各有主者，而君所主者何事也？"平谢曰："主臣！陛下不知其驽下，使待宰相。宰相者，上佐天子理阴阳，顺四时，下育万物之宜，外镇抚四夷诸侯，内亲附百姓，使卿大夫各得任其职焉。"孝文帝乃称善。

右丞相大惭，出而让陈平曰："君独不素教我对！"陈平笑曰："君居其位，不知其任邪？且陛下即问长安中盗贼数，君欲强对邪？"于是绛侯自知其能不如平远矣。居顷之，绛侯谢病请免相，陈平专为一丞相。

这一段君臣对话，其实是在讲述政事管理中的职责分工与层级管理，长安中有多少盗贼，那是京城都尉的事情，丞相当然不需要知道，因为他是统筹群臣各司其职的，根据部门业务，各自负责。

二

另一个典型的管理案例则是《汉书·丙吉传》上关于丞相丙吉的。丙吉丞相带着下属在街上行走，"逢清道群斗者，死伤横道，吉过之不问，掾史独怪之"。看见街上有群殴，还有很严重的死伤，丙吉根本不过问，掾史很是奇怪。

"吉前行，逢人逐牛，牛喘吐舌。吉止驻，使骑吏问：'逐牛行几里矣？'掾史独谓丞相前后失问，或以讥吉。"

丙吉见到人打架有死伤不问，看见牛喘却驻足而问，掾史很纳闷，问丞相是不是关注的问题有所不合适？

丙吉对他说："民斗相杀伤，长安令、京兆尹职所当禁备逐捕，岁竟奏行赏罚而已。宰相不亲小事，非所当于道路问也。方春未可大热，恐牛近行用暑故喘，此时气失节，恐有所伤害也。是以问之。"也就是说打架的事，有人负责，还可以借机考察干部能力，而牛喘则关系到气候变化，关系到农事耕作，是国计民生的大事。掾史听了佩服不已，方知道丞相知大体。

三

陈平丞相所说的"各有主者"，丙吉丞相所说的"宰相不亲小事"这些历史经验，诸葛丞相早已经在书中读过，但是，刘备去世之后，刘禅继位，"事无巨细，亮皆专之"。诸葛亮的主簿杨颙，看到丞相亲自校对公文，就如同一个单位的领导每天一上班就亲自批改本单位的新闻报道、选择自己的新闻照片一样。《襄阳记》中记载，杨颙很耿直地给诸葛亮提建议："为治有体，上下不可相侵，请为明公以作家譬之。今有人使奴执耕稼，婢典炊爨，鸡主司晨，犬主吠盗，牛负重载，马涉远路；私业无旷，所求皆足，雍容高枕，饮食而已。忽一旦尽欲以身亲其役，不复付任，劳其体力，为此碎务，形疲神困，终无一成。岂其智之不如奴婢鸡狗哉，失为家主之法也。"

所以，主簿杨颙就说三公和士大夫之间的职责是有区别的，还专门举了管理学上的经典案例："是故古人称坐而论道谓之三公，而行之谓之士大夫，故丙吉不问横道死人，而忧牛喘；陈平不屑知钱谷之数，云自有主者，彼诚达于位分之体也。今明公为治，乃躬自校簿书，流汗竟日，不亦劳乎？"

主簿杨颙这一段坦诚真挚的建议，罗贯中巧妙地化用在了《三国演义》之中，第一百零三回《上方谷司马受困 五丈原诸葛禳星》，诸葛亮和司马懿两军对阵，司马懿拒不出战，诸葛亮就派使者送去女装以激怒其出兵交战。司马懿才不上当，就问诸葛亮的使者："孔明寝食及事之烦简若何？"使者说："丞相夙兴夜寐，罚二十以上皆亲览焉。所啖之食，日不过数升。"司马懿回过头对诸将说："孔明食少事烦，其能久乎？"使者回到五丈原，见了孔明，原话转述。诸葛亮叹息："彼深知我也！"

主簿杨颙这个时候就说了前面《襄阳记》中记载的那段耿直的建议，并说："司马懿之言，真至言也。"

诸葛丞相流下眼泪说："吾非不知。但受先帝托孤之重，惟恐他人不似我尽心也！"众皆垂泪。

虽然，《三国演义》这一段写得肝胆相照，写得落泪感人，但是，诸葛丞相的意思是：我受先帝之托，对他人办事不放心啊。诸葛丞相管理的是时间，不是能量，浑身是铁也打不了几根钉。他这样亲力亲为，哪有下属发挥能量的空间呢？就好比一个单位的领导一门心思琢磨办公楼应该杜绝外单位的人来上厕所一样，这个单位能发展起来么？

可见，诸葛丞相读书虽多，效率虽高，那些《史记》《汉书》等史书传记，却没有对他的管理形成指导作用，也没有潜移默化到他的行军打仗之中。"知"未转化为"行"，读书的效果何在呢？

周勃丞相、陈平丞相、丙吉丞相，这些前辈的经验，可能入脑却未入心，更未成行，诸葛丞相所读到的知识与道理，并没有实现很好的转化。看似节约了时间，其实适得其反，诸葛亮浪费了极大的自身能量，消耗了蜀国管理系统的能力，导致蜀国士人的才能无法形成整体实力，国弱先灭。

四

而三国中另一位喜欢读书的曹丞相呢，年轻的时候，出道为官，立志做一个敬业爱民的好郡守，没想到世事险恶，为豪强所迫，不得不辞官归家，本打算好好读书，"于谯东五十里筑精舍，欲秋夏读书，冬春射猎"。可天下大乱，英雄还是要出山收拾局面，为国家讨贼立功，开始了他的戎马生涯。

曹操读书，《三国志》中记载："博览群书，特好兵法，抄集诸家兵法，名曰接要，又注孙武十三篇，皆传于世。"其一，曹操读书，是广泛涉猎，集中必要的领域——兵法；其二，动手集合诸家兵法，反复参读；其三，将心得体悟形成注解，实现知识消化的再创作。

曹操对兵法的再创作不止是在理解的层面，关键是在把"知"化为"行"而使用。《魏书》中记载："太祖自统御海内，芟夷群丑，其行军用师，大较依孙、吴之法，而因事设奇，谲敌制胜，变化如神。自作兵书十万余言，诸将征伐，皆以新书从事；临事又手为节度，从令者克捷，违教者负败。"也就是说，曹操是把读的兵法实实在在地活学活用在实战之中，同时，自己所创作的兵法，还能指导诸位将军作战。

例如，曹操为东郡太守的时候，治所在东武阳，当时曹操大军驻扎顿丘，黑山贼于毒等人率军攻打东武阳，众将都以为应该回兵救东武阳。但是，曹操却说："孙膑救赵而攻魏，耿弇欲走西安攻临菑。使贼闻我西而还，武阳自解也；不还，我能败其本屯，虏不能拔武阳必矣。"

于是，曹操大军向西攻打于毒的本屯。于毒得知，果然从武阳撤兵。

曹操所读之书，经过沉淀消化，成为他的能量与才华。这种才华不仅在武攻征伐上，还在文学艺术上。《魏书》中写道："是以创造大业，文武并施，御军三十余年，手不舍书，昼则讲武策，夜则思经传，登高必赋，及造新诗，被之管弦，皆成乐章。"他的文学不仅仅是建安文学的风骨，甚至引领五言诗的潮流，后世的众多英雄都成为他的忠实粉丝。以雄爽著称的东晋大将军王敦，极喜欢曹操的《龟虽寿》："老骥伏枥，志在千里；烈士暮年，壮心不已。"每一次王敦朗诵这首诗的时候，他都会敲击玉如意，颇有知音难求的意味。

五

即便是江东的强劲对手孙权，也对曹操这股子勤奋读书的精神和劲头，佩服得不行。孙权在激励自己的同时也教育下属，对吕蒙和蒋钦说："光武当兵马之务，手不释卷；孟德亦自谓老而好学，卿何独不自勉勖邪？"

读书是学习，是自我的修行，是对自我行为的反思与修正，更是自我的完善与提升。因此，读书需要内省，需要参照，需要对比。在古人所读的书目中，史书往往占有重要的地位。

比如，孙权对吕蒙和蒋钦说：让你们读书也不是让你们成为博士，而是让你们通晓往事，借鉴经验。"孤少时历《诗》《书》《礼记》《左传》《国语》，惟不读《易》。至统事以来，省三史、诸家兵书，自以为大有所益。"然后，孙权就要求吕蒙、蒋钦"宜急读孙子《六韬》《左传》《国语》及三史"。我们从孙权自己的书单和他给下属推荐的书目中看，基本上分为两类，一类是史书，一类是兵书。

六

再比如，刘备去世之前，给儿子刘禅下的遗诏："勿以恶小而为之，勿以善小而不为。惟贤惟德，能服于人。汝父德薄，勿效之。可读《汉书》《礼记》，间暇历观诸子及《六韬》《商君书》，益人意智。闻丞相为写申、韩、管子、六韬一通已毕，未送，道亡，可自更求闻达。"这一段温暖的话中，语重心长，刘备给儿子列了个书目，让刘禅多读《汉书》《礼记》、诸子百家、《六韬》《商君书》，开卷有益身心。同时，还提到了诸葛丞相已经为刘禅抄写了《申子》《韩非子》《管子》《六韬》等。所以，刘备和诸葛亮给刘禅列的书目中也是侧重于史书与兵书的。

读兵书自然是重要，群雄逐鹿，用实力说话，兵家即是生存之道；而史书呢，则是一面镜子，更是众多的贤与不贤的老师，见贤思齐，见不贤而内自省。

而很多人，书是读了，关键能不能用！吕蒙、蒋钦是很听孙权的指导，读了并用了，才会有鲁肃惊异地拍着吕蒙的后背说："吾谓大弟但有武略耳，至于今者，学识英博，非复吴下阿蒙。"吕蒙才会自豪地说："士别三日，即更刮目相待。"

七

在历史的河流中，古人今人的浪花滔滔滚滚，时光不同，境遇相似，每一场大戏，只是不同的人在扮演相似的角色，考量的却是不变的人性。所以，读历史，正是读人生这场大戏的角色与唱腔，正是协调不同的冲突与人性。

曹操便是把这些史书读到了精髓，浸润其中，化而无形于自身的气质与定力。

曹操在把汉献帝迎入许都之后，就把大将军之位让与袁绍，自己出任司空，行车骑将军。尽管政治上占据了制高点，"奉天子以从民望"，但是，环视四周，皆是虎视眈眈，袁绍、袁术、吕布、刘表、孙策等雄豪一个个摩拳擦掌、磨刀霍霍，准备随时马踏中原，取曹操的项上人头。

冷兵器时代征伐，一靠将士用命，二靠粮草充足，这才是真的实力。自黄巾起义，加上董卓残暴，东汉政权风雨飘摇，百姓流离失所，田地荒芜，粮谷匮乏，大饥之年，常有人吃人的惨况，很多小的军事团伙，往往因为饥荒，在没有敌人攻击的情况下解散。而袁绍在河北，军队依靠桑葚为食物，袁术则在富饶的江淮一带，依靠蒲蠃为给养，也就是蚌蛤、螺蛳之类的野生水产。

枣祗、韩浩两位建议屯田，曹操一听便明白其中的要义，并对众人说："夫定国之术，在于强兵足食，秦人以急农兼天下，孝武以屯田定西域，此先代之良式也。"是岁乃募民屯田许下，得谷百万斛。

于是，曹操开始在制度上推行，州郡例置田官，所在积谷。从此，曹操征伐四方，无运粮之劳，最终兼灭群贼，克平天下。屯田政策的实行，在于曹操能够敏锐地把握战争的核心资源，而这些又恰恰是同时代的袁绍、袁术等人多忽视的，正如曹操所讲，这是秦并六国、汉征西域的法宝。

八

解决了政纲和战略资源之后，就要注重内外的管理，就要关注如何建构一个团队，如何能够让团队的力量更强大。通常在解决了团队目标之后，建构团队的重要元素一是信任，二是利益。有了信任，才有了一切的基础，有了利益，才有了激励的动力。

官渡之战的时候，袁绍兵力强盛，曹军死伤严重，袁绍以堆土山、挖地道来围攻曹军大营，箭如雨下，曹军营中行走需要顶着盾牌，惨烈之状，令众人恐惧。所幸曹操坚持到了最后，没有放弃，最终火烧袁绍粮草，击杀袁绍大将，张郃、高览投降，曹军算是活过来了。当时清缴袁绍大营，发现很多书信，"得许下及军中人书，皆焚之"。那些书信都是要命的证据，是曹操阵营中的一些文臣武将与袁绍暗自交往的密信。曹操当着众人，一封不看，全部销毁，他很爽朗地说："当绍之强，孤犹不能自保，而况众人乎！"他的这一把火，烧出的不仅仅是心胸，更是团队成员的相互信任。

而曹操这一把火，在历史上是有来头的，前辈光武帝刘秀给他做了一个很好的示范。范晔在《后汉书·光武帝纪》中写道："四月，进围邯郸，连战破之。五月甲辰，拔其城，诛王郎。收文书，得吏人与郎交关谤毁者数千章，光武不省，会诸将军烧之，曰：'令反侧子自安。'"刘秀喊来众位将军，聚在一起，把这些书信，付之一炬，并说让那些心怀犹豫的人心安，于是，众人更加愿意追随刘秀，建功立业。

九

至于团队成员的利益，如果不能够妥当地处理，便会生出众多的变故和危机。项羽就是一个反面的典型，团队利益平衡不了，最终导致团队分崩离析。曹操对这个问题有很清醒的认识，他下令："吾起义兵，诛暴乱，于今十九年，所征必克，岂吾功哉？乃贤士大夫之力也。天下虽未悉定，吾当要与贤士大夫共定之，而专飨其劳，吾何以安焉？其促定功行封。"

曹操的意思是，功劳是大家的，要与大家分享。"于是大封功臣二十余人，皆为列侯，其余各以次受封，及复死事之孤，轻重各有差。"政权还没有彻底安定的时候，曹操就已经开始分封功臣，并对战死的家属也有所奖赏抚恤，让跟着他的团队成员能够真真切切地看到希望，看到未来。利益是最好的激励。

曹操的这种做法，也是有榜样的，他曾写道："昔赵奢、窦婴之为将也，受赐千金，一朝散之，故能济成大功，永世流声。吾读其文，未尝不慕其为人也。"曹操读过这两位将军的事迹，并仰慕他们的为人。

赵奢是战国时期赵国名将"马服君"，曾经大败秦军，威震诸侯。可惜生了喜欢"纸上谈兵"的儿子赵括，令赵国长平一战而破国。《史记》中记载："赵奢为将，身所奉饭饮而进食者以十数，所友者以百数；大王及宗室所赐币帛，尽以予军吏士大夫；受命之日，不问家事。"这才是团队的领导者，与众人同甘共苦，不像有的单位领导认为所有的成绩都是自己的，所有的问题都是别人的，开会时只说自己是多么有远见，从未觉得工作是大家做的，简直就是赵括的做派。

而窦婴则是汉景帝年间的大将军，适逢吴、楚七国之乱，汉文帝赐金千金，《史记》记载："所赐金，陈之廊庑下，军吏过，辄令财取为用，金无入家者。"大将军窦婴与条侯周亚夫共同平乱，被封为魏其侯。且不说魏其侯视金钱如粪土，最主要的是，千金散尽聚人心。

曹操要建功立业，效仿赵奢与窦婴，将功勋业绩归于众人，"与诸将士大夫共从戎事，幸赖贤人不爱其谋，群士不遗其力，是以夷险平乱，而吾得窃大赏，户邑三万"。所以，他觉得，他所获的奖赏，应该散给大家，"追思窦婴散金之义，今分所受租与诸将掾属及故戍于陈、蔡者，庶以畴答众劳，不擅大惠也。宜差死事之孤，以租谷及之。若年殷用足，租奉毕入，将大与众人悉共飨之"。

十

千百年后，看曹丞相和诸葛丞相，同样是博览群书，一个是侧重效果，一个是侧重效率。正如陈寿的点评，天下大乱，雄豪并起，曹操是"运筹演谋，鞭挞宇内，揽申、商之法术，该韩、白之奇策"，是蕴化了前人的治理之道和用兵之策，成"非常之人，超世之杰"。而诸葛丞相果真是恪尽职守么？从管理的角度，后继乏人，所选将才谋臣少有刘备不拘一格之眼光与力度；从蜀汉的发展态势来看，他的"今南方已定，兵甲已足，当奖率三军，北定中原，庶竭驽钝，攘除奸凶，兴复汉室，还于旧都"这一段话的期许和状态，正是蜀汉政权发展的抛物线的顶点。从此，他的后继者蒋琬、费祎、姜维等，已经无力回天。发展态势的形成往往不是当下造成的，所谓冰冻三尺非一日之寒，一位卓越的领导者，往往是在他离职的时候，基业长青，所开创的事业还能良好运行，才是真见水平与功力。

读书，要化于无形，知行合一，有效果，才是有效率。

害人的资历遮了多少英雄的眼

历史学家吕思勉在《三国史话》一书中讲"赤壁之战的真相"时，谈到曹操率领十五六万大军，奉辞伐罪，旌麾南指，毫不费力得了荆州，兵力增加了七八万水军，合计二十余万，号称"水步八十万"，浩浩荡荡，气势汹汹，想一鼓作气，荡平江东。

而当时的孙刘联军，刘备的家底划拉划拉也就一万人，刘琦的江夏兵也差不多一万人，周瑜想从孙权处申请五万精兵来对付曹操，只可惜江东兵力并没有那么多。《江表传》中记载，孙权对周瑜实话实说："五万兵难卒合，已选三万人，船粮战具俱办。"吕思勉估算的是"孙刘之兵，约在五万。两方的兵力，约系一与五之比"。

这么悬殊的力量对比，曹操竟然输了，而且，输得很惨。

一

什么原因呢？总不能按照《三国演义》中描写的一样，是周瑜、诸葛亮太厉害？借用电影《南征北战》中张军长的一句经典台词："不是国军无能,而是共军太'狡猾'。"

的确，孙权和周瑜、鲁肃带有一点拼命豪赌的劲头，但这也不能合理地解释如此悬殊的力量差距，竟然让雄厚的北方军团一战崩溃。

原因还在于曹操自己。如果，把曹操的征伐事业，看作一个企业的话，我们会发现，曹操在官渡之战后，基本上没有遇到强劲的对手了，因为最艰难的"硬骨头"袁绍都被他打败了。而且，连袁绍集团的袁谭、袁尚、袁熙、高幹几个小字辈也被消灭了，并且，在征伐袁尚与袁熙的过程中，顺带攻破了北方强劲的乌丸。接下来就是七月南征刘表，《魏书·武帝纪》写道："八月，表卒，其子琮代，屯襄阳，刘备屯樊。九月，公到新野，琮遂降，备走夏口。"

就连当时远在成都的益州牧刘璋，迫于曹军的威力，"始受征役，遣兵给军"。这对于曹操来说，太顺了，几乎没有一点难度和挑战。

曹操带领的这个企业在这一时间段中，发展得顺风顺水，业绩持续增长，用企业战略管理的话，就是企业进入了一个惯性发展的时期。遇到这种阶段是很危险的，尤其是企业的领导人，容易被眼前业绩表现的快感所麻痹。吴伯凡讲到企业发展惯性的时候，说："很多企业的领导人很容易被快感所裹挟，或者说是被惯性所裹挟，丝毫没有意识到惯性即惰性。"

二

最为经典的案例是柯达公司。在 2001 年的时候，公司迎来了销售业绩最好的一年，在他们欢呼的时候，他们不知道这正是跌入黑暗陷阱之前的惯性。因为众多的同行竞争者已经转行探索数码相机的发展，这个行业中消费胶卷惯性的市场份额都让给了柯达，柯达却还沉浸在表面的繁荣之中。类似的企业经营案例，还有风靡一个时代的诺基亚、曾经称雄家电销售渠道且霸气侧漏的国美。

吴伯凡认为："有经验的领导者都会把特别顺利的状态视为一种不祥之兆。"所以，他引用《周易·乾》："君子终日乾乾，夕惕若厉，无咎。"认为君子就应该是那种整日里小心翼翼、谨慎缜密的人，对工作、对生活常怀有忧患意识，即使是把一天的任务完成了，也要反复思考一下，有没有疏漏之处，到了晚上总是要保持一种自我审视与警醒的状态。"咎上面是处，下面是口，那个口代表陷阱，处就是待在陷阱里。只有君子终日乾乾，夕惕若厉，你才可能不掉到那个陷阱里。"也就是说，当人处于舒服的状态的时候，恰恰要小心，隐患往往在这个时候最容易发生，正所谓"生于忧患，死于安乐"。

就如同人们在登山过程中，上山的时候，不容易崴伤脚，而下山的时候，任务完成，处于兴奋之中，一切放松，在你最舒服的时候，最容易崴伤脚。

三

曹操的企业在得了荆州之后，就已经进入了一种自我感觉良好的状态，完全依靠原有的思维方式运行，已经没有心思去研究水战的打法、战船的配合、不利情况下的退守，完全没有了自我改变的欲望与能力。

在《三国演义》中，更是把曹军惯性写得淋漓尽致。北方军队的战斗力依靠骑兵，曹操竟然接受了庞统给他提供的便利惯性，连水战都要考虑在船上骑马，他们不是改变自己的攻防战术，而是希望能够继续维持陆地作战的优势，可见惯性力量的牢固。

庞统对曹操说："某有一策，使大小水军，并无疾病，安稳成功。"操大喜，请问妙策。统曰："大江之中，潮生潮落，风浪不息。北兵不惯乘舟，受此颠簸，便生疾病。若以大船小船各皆配搭，或三十为一排，或五十为一排，首尾用铁环连锁，上铺阔板，休言人可渡，马亦可走矣，乘此而行，任他风浪潮水上下，复何惧哉？"曹操下席而谢曰："非先生良谋，安能破东吴耶？"统曰："愚浅之见，丞相自裁之。"操实时传令，唤军中铁匠，连夜打造连环大钉，锁住船只。诸军闻之，俱各喜悦。后人有诗曰："赤壁鏖兵用火攻，运筹决策尽皆同。若非庞统连环计，公瑾安能立大功？"

曹军的这种惯性，不是考虑因地制宜，也不考虑战场环境发生了变化，而是继续保持自己的优势资源和战术思维。这种惯性便成为一种可怕的惰性，只追求原有的舒适，而不对自身苛求与改变。

可见，改变真的很难，尤其是在惯性基础上的改变，可以说是一种痛苦，所以才有"凤凰涅槃"之说。

四

那么，有人可能会问，那么英明的曹操，是什么让他产生麻痹，而没有意识到这种顺利之下掩盖的危机呢？

吕思勉给了很好的答案："曹操破了荆州，就想顺流东下，本来犯兵家之忌，贾诩曾经劝止他，而他不听，大概对于孙权，不免低估了些罢。然其所以低估之故，也是所谓资格限人，是极容易犯的错误，怪不得曹操了。"

可见，让曹操产生麻痹的是他低估了对手，而这一种要命的判断依据，便是"资历"二字，曹操以"资历"来判断孙权的战斗力，同时，还以自身的"资历"与孙权的"资历"相比，岂有不败之理？

通过"资历"这个判断标准，曹操不需要改变原有的眼光去审视别人、审视自己。曹丞相当仁不让的是三国中的最出色的英雄之一，也逃不过"资历"的影响，要知道，害人的"资历"遮了多少英雄的眼。

"资历"，资——资本、资源、资产，历——经历、历史、阅历。简而言之，就是一个人身上所积累下来的资源与能量。

论资历，曹操和孙权的老爹孙坚是一代人，适逢黄巾大乱，两个人从不同的地方，同出江湖，登上历史舞台。等到讨伐董卓的时候，孙坚可是当时的主力，《三国志》中记载："坚复相收兵，合战于阳人，大破卓军，枭其都督华雄等。"《三国演义》中"温酒斩华雄"的功劳，可不是关云长的，而是孙文台的。可惜，孙坚后来在黄祖之战中被射杀，年三十七。

至于后来，孙权的哥哥孙策孙伯符，骁勇异常，最初的时候孙策从属于袁术，手下骑士有罪，逃入袁术营中，藏在内部的马房中，孙策立即指使人斩之，然后处理完，干净利落地向袁术报告，军中由此更是畏惮他。袁术常常慨叹："使术有子如孙郎，死复何恨？"孙策到江东的时候，吴郡太守许贡拥护中央，就上表汉献帝说："孙策骁雄，与项籍相似，宜加贵宠，召还京邑。若被诏不得不还，若放于外必作世患。"

即便这么多人认为孙策是个了不起的人物，但是，"资历"对于孙策来说还是太浅。张昭张子布从徐州避难到扬州，是渡江士人的代表，成为孙策左膀右臂。孙策创业，以张昭为长史、抚军中郎将，"文武之事，一以委昭"。有意思的是，江东的治理，在外人看来，功劳就是张昭的，北方士大夫写信称赞，"专归美于昭"，而不认为那是孙策的功勋。等到孙策横扫江东各种势力，平定江东的时候，曹操是这样感慨的："猘儿难与争锋也。"他还是有看小孩儿的心态，也就是说这个勇猛的少年，不好对付啊。

曹操看孙策如此，可想而知，看孙权是什么心态。要知道，孙策死的时候，曹操想借势讨伐，经张纮张子纲劝说，曹操觉得孙权也不算个什么威胁，就上表推荐孙权任讨房将军，领会稽太守。还想让张纮"辅权内附"，相当于让张纮做孙权的思想工作，慢慢地影响他，青少年需要引导嘛。恐怕，当时得了荆州的曹操，推算的是孙权还没有刘琮高明，孙权这个小孩儿是自不量力，缺乏教训。

五

不仅是曹操以"资历"看人，三国中众多的英雄也是以"资历"来看其他英雄的。老将程普看不上周瑜，老臣张昭看不上鲁肃，都是因为"资历"浅的缘故。

以"资历"为标准看人，相当于戴着有色眼镜看人。自己内部的人因为"资历"看不上，顶多是内部矛盾，如果是小瞧了对手，麻烦就大了，那就会像曹操一样栽跟头。可是如果因为"资历"忽视了对手，不仅仅是栽跟头的后果，甚至是兵败身死，十分严重。

吃了大亏的三国英雄，较为明显的一个是刘备，一个是关羽，而且，都是忽视了年轻的书生陆逊，可谓是一对难兄难弟。

关羽关云长在曹操与袁绍对阵的白马之战中，于万军之中轻取大将颜良的首级，再加上千里走单骑，以及后来的刮骨疗毒，可以说是当之无愧的英雄，曹操是很欣赏的。刘备刘皇叔呢？与曹丞相青梅煮酒，曹操说："今天下英雄，唯使君与操耳。"可知，刘备的英雄之名是得到大家公认的。早期的时候，曹操手下谋臣程昱就觉得刘备是个人物，而且是个危险的厉害人物，他建议曹操早一点除掉刘备，以免后患："观刘备有雄才而甚得众心，终不为人下，不如早图之。"

两位了不起的英雄，犯了一样的毛病，用"资历"去估计对手吕蒙、陆逊。而吕蒙、陆逊也聪明地用"资历"这个假象来让两位英雄"舒服"，直到他们跳进早已经布好的陷阱。

吕蒙与鲁肃所信奉的线路是不同的，鲁肃一直都主张联刘抗曹操，吕蒙则私下建议孙权，在衡量取徐州和取荆州之间，取荆州更划算。《三国志·吴书·吕蒙传》中讲"不如取羽，全据长江，形势益张"，于是吕蒙就开始打荆州的注意了。孙权对吕蒙这个想法深表赞同，等到鲁肃去世，吕蒙代职，可以说吕蒙是积极努力地给关羽留下好印象，"外倍修恩厚，与羽结好"。

等到关羽率领大军讨伐樊城的时候，留了一部分将士在公安与南郡，来提防东吴的吕蒙。吕蒙当然知道关羽的意思，就给孙权写信："蒙常有病，乞分士众还建业，以治疾为名。羽闻之，必撤备兵，尽赴襄阳。大军浮江，昼夜驰上，袭其空虚，则南郡可下，而羽可禽也。"于是，吕蒙以治病为名与孙权唱了出双簧戏给关羽看，"遂称病笃，权乃露檄召蒙还，阴与图计。羽果信之，稍撤兵以赴樊"。关羽所看到的表象，都是他想看到的，基本上是顺着他的利益发展的，致命之处还在于吕蒙用低姿态来满足关羽的感觉。

在吕蒙回建业养病的这一段时间，关羽之所以放心后方的安全，抽调后备兵员，在于孙权给他吃了更舒服的顺心丸——陆逊。《三国志·吴书·陆逊传》中，吕蒙回来后对孙权说："陆逊意思深长，才堪负重，观其规虑，终可大任。而未有远名，非羽所忌，无复是过。若用之，当令外自韬隐，内察形便，然后可克。"吕蒙的意思很明显，找一个才能大、资历浅的人，隐藏实力，观察关羽，顺势而为，陆逊就是这样合适的人选。

六

孙权立即召逊，拜偏将军右部督代蒙。

而陆逊一到陆口，就写信给关羽："前承观衅而动，以律行师，小举大克，一何巍巍！敌国败绩，利在同盟，闻庆拊节，想遂席卷，共奖王纲。近以不敏，受任来西，延慕光尘，思廪良规。"

这话说得多么的舒服：前不久看到将军您能够敏锐地把握敌人的破绽果断出击，并且军纪严明，按法调度，以小规模战斗获得大业绩，太了不起了，这么大的功勋实在令我佩服。曹魏惨败，对我们同盟有利啊，我都想趁机与您一起席卷中原，共辅汉室。像我这么愚笨之人，调到前线任职，与您相近，对您仰慕已久，可以感受您高明的良策了。

这简直就是一位后生说话的语气，关羽偏偏就喜欢这种感觉，喜欢这种高高在上被人捧着的感觉。

陆逊还说："于禁等见获，遐迩欣叹，以为将军之勋足以长世，虽昔晋文城濮之师，淮阴拔赵之略，蔑以尚兹。"大概意思是：您俘获了曹操的大将于禁，远近听了慨叹不已，这种战绩，也就您能够建立，别人没有这个能力。如此功勋，足以流传后世，即便是历史上的晋文公重耳城濮击楚之战，淮阴侯韩信攻取赵国之谋略，我觉得都要比您差一点。关羽忠勇大气，却有一个爱名的缺点，曾经闹情绪的时候，诸葛丞相称赞一下"美髯公"，关羽就心满意足了。

陆逊煞有介事地描述了徐晃和曹操的军事部署，假模假式地给关羽提醒和建议，然后说："仆书生疏迟，忝所不堪。喜邻威德，乐自倾尽。虽未合策，犹可怀也。倘明注仰，有以察之。"意思是：我也就是一个书生，勉强到此任职，我自己都心里打鼓啊，很高兴的是与您为邻，也很乐意向您倾诉我的想法。估计，我提的那些小建议都不算什么，但也是一片心意啊。倘若能够表明我的仰慕之意，也请您慢慢观察。

《道德经》上讲，欲取之必先予之，陆逊一直在给关羽一种资历上的差距，让他有心理的优越感，最终却要取他的荆州。

关羽看了陆逊的这封信，或许，捋一捋胡须：嗯，还不错哦，这个刚刚出道的菜鸟，挺谦虚，至少知道他自己几斤几两，还算是懂事，孺子可教。看来还是想跟我学习一些东西呢。于是，"羽览逊书，有谦下自托之意，意大安，无复所嫌"。关羽彻底去除了戒备，危险也就来了，"逊具启形状，陈其可禽之要。权乃潜军而上，使逊与吕蒙为前部，至即克公安、南郡"。

生病的吕蒙、谦和的陆逊、隐忍的孙权，东吴将士白衣渡江。等关羽醒悟的时候，已经大势已去，败走麦城，与儿子关平一起被杀。

七

刘备为了给兄弟关羽报仇，大举伐吴。孙权任命陆逊为大都督、假节，统揽朱然、潘璋、宋谦、韩当、徐盛、鲜于丹、孙桓等诸将抵抗刘备。要知道这些将军资历都比年轻的陆逊深，"诸将军或是孙策时旧将，或公室贵戚，各自矜恃，不相听从"。

想想当时的阵势，韩当是孙坚老部下，宋谦、潘璋是孙策的老部下，朱然则是孙权的同学。孙桓呢，是孙河的儿子，而孙河是孙坚的族子，相当于孙桓是孙权的堂侄了。这些人要不就是久经沙场的功勋老将，要不就是东吴的宗室近要，想让他们顺顺当当地听命陆逊这个不出名的白面书生，的确是难。

《三国演义》第八十三回"战猇亭先主得仇人 守江口书生拜大将"中描述得更为形象。说最初孙权朝中议事，阚泽推荐陆逊为大都督，老臣张昭就站出来极力反对，理由是："陆逊乃一书生，非刘备敌手，恐不能用。"连一向稳重的顾雍也反对，原因是陆逊太年轻，恐怕大家不服。甚至步骘也反对，理由是陆逊的才能顶多治理一个郡，大事怕担不起。

而孙权力排众议，把陆逊召过来，对他说："今蜀兵临境，孤特命卿总督兵马，以破刘备。"

陆逊其实也在等这样的机会，现在，虽然机会来了，但他明白自己的资历与处境。陆逊是一个头脑极为冷静的人，既看得到外部刘备来攻的态势，又看得见局内自己四周老臣的压力，若是不能谨慎地处理内部的关系平衡，势必会影响对外的决策与执行。

陆逊就以退为进提要求："江东文武，皆大王故旧之臣；臣年幼无才，安能制之？"孙权则说："阚泽以全家的性命担保你，你就不要推辞了。"陆逊又问："倘文武不服，何如？"这才是陆逊接过这个职位的关键问题，既然自己与诸位将军之间存在资历差别，那么就用授权解决这个差别。

于是孙权把自己的佩剑解下来，交给陆逊，说："如有不听号令者，先斩后奏。"陆逊答："既然这样，那就领兵就职，请大王明天聚众把尚方宝剑赐给我。"孙权便在阚泽的建议下，筑坛拜将，大会百官，赐陆逊宝剑印绶，令掌六郡八十一州兼荆楚诸路军马，并说："阃之内，孤主之；阃以外，将军制之。"

朝中虽然任命，陆逊到了前线，众将的反应如他所预料，"文书到猇亭，韩当、周泰大惊曰：'主上如何以一书生总兵耶？'比及逊至，众皆不服"。

陆逊在大帐中，面色凝重地对着众位将领，把尚方宝剑缓缓地拿出来。《三国志》中记载，陆逊一字一句地说："刘备天下知名，曹操所惮，今在境界，此强对也。诸君并荷国恩，当相辑睦，共翦此虏，上报所受，而不相顺，非所谓也。仆虽书生，受命主上。国家所以屈诸君使相承望者，以仆有尺寸可称，能忍辱负重故也。各任其事，岂复得辞！军令有常，不可犯矣。"陆大都督这一席话，软中带硬，威严并重，但也说明了当时不得已说此话的处境。

八

就连自己人都看不上陆逊，刘备会看得上他么？刘备是什么人物？救过孔融，战过吕布，斗过袁绍，连曹操都得怕他三分。刘备纵横江湖的时候，恐怕陆逊还没有出道呢。陆逊任大都督的消息传到刘备大营，《三国演义》中写道，刘备对马良说："朕用兵老矣，岂反不如一黄口孺子耶！"

一个"老"字，说明刘备心中的惯性思维，"老"，即"老练""老辣""老到"的意思，总之都是"资历"深，经验多。那么，靠什么打仗？靠经验，靠原有的优势与习惯，对刘备自己来说，已经谈不上自我革新与自我成长了，他忽视了对手变了、环境也变了，他自己却没有变。

陆逊便顺着刘备的这种锐气和盛气，诱敌深入，相互对峙，拒不交战，直到刘备兵疲将惰，锐气尽失，露出破绽，一举出击，火烧连营，斩将破兵。刘备的逃命之路还被二十五岁的安东中郎将孙桓孙叔武给截断了，当时孙桓"投刀奋命，与逊勠力"，把刘备逼得不敢走大路，翻山越险，才得保命，由此不得不郁闷地感叹："吾昔初至京城，桓尚小儿，而今迫孤乃至于此也！"

蜀军土崩瓦解，死者万数，刘备逃入白帝城，既惭愧又郁闷，自己轻敌的苦果自己咽："吾乃为逊所折辱，

害人的资历遮了多少英雄的眼

岂非天邪！"本是自己造成的,总还是觉得陆逊资历浅,与自己无法相比。绕不过那个弯弯,就只能埋怨老天了。

陈寿在陆逊传尾点评:"刘备天下称雄,一世所惮,陆逊春秋方壮,威名未著,摧而克之,罔不如志。"陈寿此点评,已经告诉了刘备,夷陵之战失败的原因不是天意,而是人谋,是刘备自己的"天下称雄"的资历,忽视了"威名未著"的陆逊。

陈寿感叹陆逊的谋略之奇,同时,也感叹"权之识才,所以济大事也"。这或许就是孙权在人才选拔与管理上,不以资历看人的视野开阔所在,也正是江东基业一时雄霸的原因所在。

生子当如孙仲谋
——为什么孙策将政权交给孙权

曹操与袁绍两大军事集团在官渡决战的时候，孙策已经荡平江东，尽收其地，兵势大盛，以他的雄心和豪气，开始放眼中原，有渡江袭击许县，端曹操老窝的想法。

这个消息传到曹营，众人皆惊恐，谋士郭嘉说，不用担心，孙策刚刚一统江东，根基未稳，何况他所诛杀的都是英豪雄杰，得人死力，必有人报仇。《三国志·魏书·郭嘉传》中，郭嘉判断："然策轻而无备，虽有百万之众，无异于独行中原也。若刺客伏起，一人之敌耳。以吾观之，必死于匹夫之手。"

孙策尚未渡江，"果为许贡客所杀"。

不是郭嘉多么的料事如神，而是孙策一贯作风，骁勇轻锐，不重视防卫。

一

《三国志·吴书·虞翻传》中记载，孙策喜欢驰骋游猎，虞翻虞仲翔就对他说："至于轻出微行，从官不暇严，吏卒常苦之。夫君人者不重则不威，故白龙鱼服，困于豫且，白蛇自放，刘季害之，愿少留意。"提醒他不要随意出门游猎，随从们来不及准备，将士们的安保工作也很恼火。为人君主者，应该威重，否则就会出危险，所以要多多注意这方面的问题。

尽管，孙策觉得他说得有道理，但仍避免不了。一次讨伐山越，把敌人的首领除掉之后，就分兵左右清剿余众，打扫战场。手下人都撒出去之后，就剩下了孙策一个人骑马和虞翻在山中。

虞翻就问左右亲兵护卫在哪？孙策毫不在乎地说："还用问么，都去追贼去了。"虞翻意识到大事不妙，危险！立即要求孙策下马："此草深，卒有惊急，马不及萦策，但牵之，执弓矢以步。翻善用矛，请在前行。"因为在深草之中，虞翻担心有人突然袭击，骑马无法回旋，容易成为攻击目标。于是两个人一前一后，牵着马前行，虞翻持矛，在前护卫孙策。

等到了平地，虞翻才让孙策上马。孙策问他没马怎么办，虞翻说："翻能步行，日可二百里，自征讨以来，吏卒无及翻者，明府试跃马，翻能疏步随之。"于是，孙策骑马，虞翻紧随，终于行至大路开阔之处，碰到吴军一敲鼓的小吏，"策取角自鸣之，部曲识声，小大皆出，遂从周旋，平定三郡"。

这一次孙策在虞翻的护卫下，安然无恙，可终究还是疏于防范，"策单骑出"，被许贡刺客所伤。

二

孙策去世之前，把孙权叫过来，佩以印绶，将江东的基业交给他："举江东之众，决机于两陈之间，与天下争衡，卿不如我；举贤任能，各尽其心，以保江东，我不如卿。"

此后，江东政权进入"碧眼儿"孙权时代。

孙坚与吴夫人生了四个儿子，分别是孙策孙伯符、孙权孙仲谋、孙翊孙叔弼、孙匡孙季佐。其中的孙翊，一贯性格和做事风格与孙策很是相似，"骁悍果烈，有兄策风"。在孙策临终之前，张昭等人都以为孙策会把军队交给孙翊统领，出乎意料的是孙策把孙权叫过来，将印绶兵符交给了孙权。

想必，孙策知道孙翊过于像自己，"性峭急，喜怒快意"，性格外露，毫不收敛，重于勇武，弱于谋算，必不能统筹江东，事实也确实如他所担心的，孙翊后来被身边的边鸿所刺杀。

当然，这或许只是孙策把政权交给孙权的原因之一，更多的原因在于孙权身上所具备的领袖素质。《江表传》中描述孙策起事江东，孙权常随左右，"性度弘朗，仁而多断，好侠养士，始有知名，侔于父兄矣"。这说明，孙策更看重孙权性格中所具备的潜质。

其一，孙权能用众人之智，聚众人之力。

孙权有一个众人拾柴火焰高的理论："天下无粹白之狐，而有粹白之裘，众之所积也。夫能以驳致纯，不惟积乎？故能用众力，则无敌于天下矣；能用众智，则无畏于圣人矣。"

但他用众人的前提，是把众人的利益结合在一起。所以他和诸位大臣、诸位将军之间的关系都处得很亲近，并且多有联姻关系。

比如他把孙策的一个女儿嫁给陆逊，另一个女儿嫁给丞相顾雍的长子顾邵，第三个女儿则嫁给吴郡太守朱治的儿子朱纪；他还撮合了诸葛瑾的女儿与张昭长子张承之间的婚事，他俩生了一个女儿，孙权便让自己的儿子孙和娶了这个女孩子；同时，他还把自己的女儿嫁给了名将朱桓的弟弟朱据。而周瑜所生的两男一女，女儿嫁给太子孙登，长子周循娶了公主，次子周胤则娶了孙氏宗女。如此看来，这简直就是一个东吴版的《乡土中国》。

孙权对待众人，诚心倾情，孙盛点评："观孙权之养士也，倾心竭思，以求其死力，泣周泰之夷，殉陈武之妾，请吕蒙之命，育凌统之孤，卑曲苦志，如此之勤也。"大概是说：看着周泰身上的伤痕，他会心疼地流泪；陈武死了，他就把陈武生前的爱妾殉葬；吕蒙重病，他就命道士在星空下为吕蒙祈祷；凌统病卒，身后留下两个儿子，孙权接到王宫内，与自己的孩子一起养。若是有宾客进宫，看到两个小孩儿，孙权就把他们两个叫过来，对客人说：这是我的虎子啊。

尤其是在代表江东本土大族利益的陆逊和顾雍掌握军政之后，顾、陆、朱、张四姓的子弟纷纷入朝做官，《三国志·吴书·朱治传》中记载："然公族子弟及吴四姓（顾、陆、朱、张）多出仕郡，郡吏常以千数。治率数年一遣诣王府，所遣数百人。"朱治本人每隔几年就会拜见一下孙权的吴王府，每一次都会派去吴郡子弟达数百人任职。

易中天在《三国纪》中分析："江东士族与孙吴政

权捆绑在一起，形成了利益共同体。孙吴政权的利益，就是江东士族的利益。即便为了保护自己的政治地位和政治利益，江东士族也要捍卫孙吴政权，因为他们是在保家卫国。"

所以，孙权曾经对文臣武将说："今日诸君与孤从事，虽君臣义存，犹谓骨肉不复是过。荣福喜戚，相与共之。"也就是说，我们大家，同舟共济，休戚与共。

三

在孙权把众人的利益整合成为一体的同时，他在管理上敢于授权，也正是由于敢于授权，他才能驾驭江东英雄，因为他给了他们实现价值的平台。

赤壁之战的时候他把前线交给周瑜，那是举国之命，几乎是东吴的全部家底。攻取荆州的时候，他把前线交给吕蒙。最初，吕蒙出兵偷袭南郡，孙权想让孙皎和吕蒙为左右部大都督，分领诸军，吕蒙就建议："若至尊以征虏能，宜用之；以蒙能，宜用蒙。"赤壁之战的时候，以周瑜和程普为左右部督，共同进攻江陵城，虽战事由周瑜决策，可程普自恃老将资格，同样是都督，"遂共不睦，几败国事，此目前之戒也"。

要知道孙皎孙叔朗，是孙静的二儿子，孙静则是孙坚的兄弟，宗室至亲。孙皎每次出兵，都是精锐，任征虏将军，代老将程普都督夏口。黄盖和孙瑜去世，他们的部属均归于孙皎统领，可知孙皎位高权重，非同一般。孙权经此一说，立即醒过神来，抱歉地对吕蒙说："以卿为大督，命皎为后继。"

刘备气势汹汹，大军来攻。孙权举国委于陆逊，与刘备战于夷陵。孙桓拜安东中郎将，被刘备所围，求救于陆逊。陆逊从全局视角，认为孙桓牵制刘备部分军力，有利于统筹调度，最终布局，而且，孙桓实力较强，坚守防御不会有大的危险，就没有同意派兵援救。

众将甚是不解，就问："孙安东公族，见围已困，奈何不救？"

陆逊冷静地说："安东得士众心，城牢粮足，无可忧也。待吾计展，欲不救安东，安东自解。"

等到陆逊趁刘备兵马疲惫大意之机，火烧连营，四面出击，围困孙桓的兵马随即散逃。孙桓则大出兵马，与诸位将领共同追击刘备，满山遍野都是刘备溃败的人马。

后来孙桓见到陆逊，就把原来的误解和盘托出："前实怨不见救，定至今日，乃知调度自有方耳。"两个人哈哈大笑，举杯而饮。

历史总是相似的，陆逊与孙桓这一幕，在前朝的历史上是有先例的，只是那一位名留青史的将军没有陆逊幸运罢了。

四

陆逊得益于孙权的信任与授权，而战例相似，没有陆逊幸运的将军便是驻军细柳营而闻名天下的条侯周亚夫。

汉景帝刘启三年（前 154），吴、楚等七国叛乱，欲倾覆政权。汉景帝想起老爹汉文帝刘恒的遗言："即有缓急，周亚夫真可任将兵。"于是以周亚夫为太尉，统领汉军平叛。

周亚夫就向汉景帝报告了自己的战略思路，《史记》中写道："楚兵剽轻，难与争锋。愿以梁委之，绝其粮道，乃可制。"也就是以梁王刘武的封地为缓冲，让梁孝王抵御吴、楚的锐兵，迷惑吴、楚的战略，为汉军主力的出击赢得战机，同时，也拱卫长安，汉景帝就同意了他的部署。

如周亚夫所料，吴兵猛攻梁都睢阳，梁王压力甚大，不断地向太尉求救，希望能派兵支援，太尉就是不发兵。梁王刘武在城内简直是大骂周亚夫，要知道刘武是窦太后最宠爱的小儿子，他直接上书到皇帝，皇帝没办法只好下诏给太尉，要求发兵救梁。将在外，君命有所不受，"太尉不奉诏，坚壁不出，而使轻骑兵弓高侯等绝吴楚兵后食道"。

"凡相攻守三月，而吴楚破平。于是诸将乃以太尉计谋为是。"三个月平大乱，说明周亚夫的战略是正确的，却也埋下了隐患。梁王没有意识到战略整体与局部的关系，以为自己功劳很大，并经常在窦太后与皇帝面前诋毁太尉。

而陆逊破刘备，将领们都知道策略多出自陆逊，很是佩服。孙权听说前后将领们的表现，就对陆逊说："君何以初不启诸将违节度者邪？"

陆逊回答："受恩深重，任过其才。又此诸将或任腹心，或堪爪牙，或是功臣，皆国家所当与共克定大事者。臣虽弩懦，窃慕相如、寇恂相下之义，以济国事。"

孙权听后开怀大笑，连连叫好，加拜陆逊辅国将军，领荆州牧改封江陵侯。

孙权倒是自始至终从未插手前线的事务，可见，汉景帝对周亚夫的授权远远没有孙权对陆逊的授权来得踏实啊。

即便是在诸葛亮派遣邓芝修复与东吴的关系之后，孙权几乎还是将与蜀汉的主要事务委托给陆逊，双方有什么重要的事情，就让陆逊与诸葛亮沟通。孙权为了方便陆逊行事，还专门刻了一枚自己的印章，放到陆逊的治所。甚至，孙权与刘禅之间通信的内容，都会先让陆逊斟酌把关一下，"轻重可否，有所不安，便令改定，以印封行之"。

五

其二，孙权用人不求全责备，只看大局。

张昭、虞翻、郑泉等人在东吴的大臣里面属于让孙权很不舒服的一类，说话很冲，做事也直来直去，丝毫不会考虑给君王面子。但孙权作为君主相比曹丕来说，要包容很多。

比如张昭张子布，那是《三国演义》中的关键人物，孙策托孤"内事不决问张昭，外事不决问周瑜"，那是孙策的左膀右臂。关键时刻，是张昭扶着孙权上马，陈兵而出，然后东吴民众知道政权有主，可以归心。

所以，张昭算是旧臣，孙权算是新主，即便是孙权喜欢骑马射虎，张昭也会管。孙权只能抱歉地说："年少虑事不远，以此惭君。"张昭简直有点家长的味道。

在对待辽东公孙渊的问题上，孙权觉得公孙渊可信，要派兵拜为燕王；张昭则认为公孙渊不可信，是因为惧怕魏国的讨伐，如果派使者过去会有风险，恐为天下所笑。

孙权反复做张昭的工作，张昭都坚持自己的意见，而且，张昭平时在朝廷说话都是"辞气壮厉，义形于色"，搞得孙权实在是无法忍受，案刀而怒曰："吴国士人入宫则拜孤，出宫则拜君，孤之敬君，亦为至矣，而数于众中折孤，孤尝恐失计。"孙权的意思是，我对你的尊敬已经到了极点，你却多次让我无法下台，我就是担心哪天忍不住把你杀了！

张昭很平静地看着孙权说：我知道我的意见不会被采用，但每一次我都竭尽愚忠，主要是因为太后临崩，把老臣叫到床前，遗诏顾命，言犹在耳啊。说着就老泪纵横，鼻涕横流。

至诚之情，坦荡之人啊！"权掷刀致地，与昭对泣。"张昭去世的时候，孙权素服临吊。

对于鲁肃，孙权曾经和陆逊聊天的时候谈到，当年鲁肃写信给孙权说关羽之事不是什么大事，不用担心。这其实是鲁肃办不到，只能说大话而已，"孤亦恕之，不苟责也"。但鲁肃军队屯营，令行禁止，辖区内没有荒于职守的官吏，道不拾遗，治军之法也是了不起。

至于吕范吕子衡和贺齐贺公苗这两位，是东吴出了名的奢靡之人。由于当时士大夫诸将军都崇尚俭约，所以他们两个算是另类。尤其是贺齐，更以奢华闻名与敌国，而且集中体现在军事器材上。他的兵甲器械极为精好，"弓弩矢箭，咸取上材，蒙冲斗舰之属，望之若山"。有人私下里诋毁他们说他们穿的衣服、住的房子、用的车船，"奢丽夸绮，服饰僭拟王者"。孙权表态："昔管仲逾礼，桓公优而容之，无损于霸。今子衡、公苗，身无夷吾之失，但其器械精好，舟车严整耳，此适作军容，何损于治哉？"打报告的人自讨了个没趣，再也不敢多说了。

至于名将朱桓朱休穆，可以说是东吴的魏延，不仅长于攻战，还深得士民之心，有奇谋，有军功，但脾气大，性格烈，争强好胜，"桓性护前，耻为人下，每临敌交战，节度不得自由，辄嗔恚激"。孙权仍然包容朱桓，并常与之谈。一次宴席上，朱桓举起酒杯，敬酒道："臣当远去，愿一捋陛下须，无所复恨。"孙权就真的移躯前席，朱桓还真的上前捋须称："臣今日真可谓捋虎须也。"孙权大笑，举座皆欢。

想孙权如此待人以诚，将士也必然乐死效命，若是苛求，世间能有几多完人呢？

六

其三，孙权有坚韧的忍耐力，时刻像一只潜伏的狮子，等待猎物大意的时候再出击。

明朝人洪应明在《菜根谭》中写道："鹰立如睡，虎行似病，正是他攫人噬人手段处。故君子要聪明不露，才华不逞，才有肩鸿任钜的力量。"这其实是能量的管理，雄鹰站立的时候像睡觉，老虎行走的时候慢悠悠地像生病，这只是它们节约能量的假象，为伺机而动做储备。

孙权便是三国中最沉得住气的英雄了。

曹丕称帝，刘备称帝，偏偏，孙权不急着称帝，直到稳稳妥妥的时候，他才登上帝王之位。

孙刘联军把曹操赶到北方之后，曹操又单独和孙权打了两仗，相互之间都没有得什么大便宜。等到孙权想袭击关羽，图谋荆州的节点上，也就是建安二十二年（217），他就派使者都尉徐祥拜见曹操，请求投降，修好与曹魏之间的关系。

曹操当然明白孙权的用意，也故意让关羽和孙权之间相互消耗，还专门让曹仁把孙权与曹操联合的书信以弓弩射给关羽，只可惜关羽过于自信，没有立即做出调整。

孙权得了荆州之后，曹操便上表汉献帝推荐孙权为骠骑将军，假节领荆州牧，封南昌侯。这两位开始礼尚往来，孙权派遣校尉梁寓带着贡品拜见皇帝，尤其是要看望曹丞相，还把吕蒙原来俘虏的庐江太守朱光遣还，顺便从北方采购一批军马回来。从军马的角度来说，那是古代战场的重装备，而宝马良驹主要产自北方。

这一段时间，相当于曹孙联合，共同对付刘备、关羽。正所谓，在国家与国家之间，没有永恒的敌人，也没有永恒的朋友，只有永恒的利益。

建安二十五年（220），曹丕接受汉献帝的禅让称帝。紧接着第二年，刘备在西蜀称帝，筹备兴兵伐吴。孙权派使者向曹丕称藩，还把从关羽处捉来的曹魏大将于禁遣还。由此可见，孙权喜欢把俘虏对方的将军作为礼物在需要的时候送还。

七

曹魏的大臣们看到孙权这么积极主动地表态拥护，纷纷祝贺曹丕，唯有刘晔刘子扬表达了不同的意见："吴绝在江、汉之表，无内臣之心久矣。"意思是，陛下虽然广施恩德，但他们禀性难改啊，恐不会被你所感化。孙权现在一定是遇到困难了，才请求称臣，不可信，"彼必外迫内困，然后发此使耳，可因其穷，袭而取之。夫一日纵敌，数世之患，不可不察也"。

曹丕就这个问题专门问刘晔怎么看，刘晔就如同坐在三国的棋局之中，开始纵横捭阖地为曹丕演绎了一番战局推演与力量兴衰。

刘晔认为，孙权无故请求臣降，一定是内部发生急迫的事情了。估计是因为之前孙权袭杀关羽，取荆州四郡，刘备大怒，必然会兴兵复仇。如今孙权"外有强寇，众心不安，又恐中国承其衅而伐之，故委地求降，一以却中国之兵，二则假中国之援，以强其众而疑敌人。权善用兵，见策知变，其计必出于此"。意思是孙权这小子太贼了，他在一方面防备我们，另一方面又借助我们以壮声势。

今天下三分，曹魏实力最强，十有其八，吴、蜀各保一州，分别依仗高山大江，阻山依水，若遇到战事，相互之间进行救援，此小国之利也。"今还自攻，天亡之也。宜大兴师，径渡江袭其内。蜀攻其外，我袭其内，吴之亡不出旬月矣。吴亡则蜀孤。若割吴半，蜀固不能久存，况蜀得其外，我得其内乎！"

刘晔这一计策之凶狠，非同寻常，若是曹丕按照他的建议，与刘备同时举国伐吴，东吴两线作战，腹背受敌，三国的故事或许到此就结束了。

刘晔不愧为曹操的得力谋臣之一，在辅佐曹丕的过程中也是谋算精准。比如众人预测关羽为蜀国名将，羽死军破，估计蜀国忧惧不敢出兵，刘晔却说关羽与刘备"义为君臣，恩犹父子"，刘备必然出兵报仇。后来，曹丕亲征孙权，出兵广陵，大会群臣，问众人孙权会不会亲自来战。众人都说因为陛下亲征，孙权一定会亲自来应战，刘晔只是说了一句"超越江湖者在于别将"，孙权不会来，事如所料。

曹丕当了皇帝以后，心胸自是大不相同，总想怀柔天下，感化众生。他说："人称臣降而伐之，疑天下欲降来者心，必以为惧，其殆不可！孤何不且受吴降，而袭蜀之后乎？"

曹丕的意思是，我现在是天下之主，怎么能在人家臣服归降的时候讨伐人家，那样太不厚道了。咱当了皇帝，要大气，那么，为何我们不接受东吴的投降，而出兵袭击西蜀的后方呢？

刘晔回答："蜀远吴近，又闻中国伐之，便还军，不能让也。今备已怒，故兴兵击吴，闻我伐吴，知吴必亡，必喜而进与我争割吴地，必不改计抑怒救吴，必然之势也。"意思是，很明显蜀国远吴国近，咱们一出兵，蜀国就退回去了。可伐吴不一样，刘备在气头上，一定会愿意与我们共同伐吴。

曹丕听后，认为这是馊主意，没有一点大国风范，就没有理会，"遂受吴降，即拜权为吴王"。

八

曹丕下诏给孙权，很庄重地说：现在封你吴王，派太常高平侯邢贞为使持使节，授给你玺绶策书、金虎符等信物，你还要把原来的骠骑将军南昌侯印绶符策上交朝廷。

当时，孙吴的群臣也是反对的，觉得东吴是独立的国家，怎么能够接受曹魏的封王呢？应该成为"上将军九州伯"。孙权就劝大家不要太在乎那些没有实质意义的名头，"九州伯，于古未闻也。昔沛公亦受项羽拜为汉王，此盖时宜耳，复何损邪"？意思是要向古人学习，沛公刘邦不也接受了敌人项羽的封王吗？这只不过是权宜之计，并没有什么大损失。

邢贞作为曹丕的使节就到了东吴，到了宫殿大门，他不下车，被张昭张子布看到，就对他说："夫礼无不敬，故法无不行。而君敢自尊大，岂以江南寡弱，无方寸之刃故乎！"到底是老臣，颇有彪悍硬朗之风，张昭这一席话，把邢贞吓得赶紧下车，收敛了许多。

旁边站立的武将徐盛愤愤不已，对身旁的同列讲："盛等不能奋身出命，为国家并许洛，吞巴蜀，而令吾君与贞盟，不亦辱乎！"说话间，竟然涕泣横流。

张昭既怒，徐盛愤愤，邢贞听人说了这种情况，对同行者说："江东将相如此，非久下人者也。"

孙权自有他的宏观谋略，十分冷静，不介意一时的示弱，也不在乎那些表面的东西，认为那些华而不实，虚头巴脑，没意义。

孙权一方面任命陆逊为大都督，督诸将拒刘备；另一方面，还是要稳定北方，派遣都尉赵咨出使曹魏，拜见曹丕。

曹丕就问：你们吴王是一个什么样的王呢？

赵咨底气十足地回答："聪明仁智，雄略之主也。"

曹丕一听有意思，就问：何以如此评价？

赵咨解释道："纳鲁肃于凡品，是其聪也；拔吕蒙于行阵，是其明也；获于禁而不害，是其仁也；取荆州兵不血刃，是其智也；据三州虎视于天下，是其雄也；屈身于陛下，是其略也。"

这下，曹丕算是实实在在地领略了孙权的雄略，尤其是"屈身于陛下，是其略也"。在孙权的思维方式中，根本没有条条框框，随机应变，目标明确，千变不离其宗，简直就是深得传统文化"中庸"之精髓：无论什么样的变化形式，所坚守的东西却是不变的。

孙权在解决了刘备之后，立刻对曹丕变了脸色。陈寿的几个字，把孙权的变卦描绘得风云变幻："备军败退，吴礼敬转废，帝（曹丕）欲兴兵伐之。"

就在黄武元年（222），曹丕派出曹休、张辽等人出洞口，曹仁出濡须，曹真、张郃、徐晃等围南郡，浩浩荡荡，三路伐吴。兵来将挡，孙权派吕范对付曹休，诸葛瑾、潘璋等人救南郡，朱桓在濡须对阵曹仁，魏军整体占优势，但朱桓重创曹仁，正如朱桓说："凡两军交对，胜负在将，不在众寡。"此战，双方相当于打了平手。

加上当时东吴扬、越蛮夷有动乱，尚未平息，孙权故技重施，卑辞上书，恳求改正的机会，话说得极为低调："若罪在难除，必不见置，当奉还土地民人，乞寄命交州，以终余年。"

曹丕回信说：朝中三公已经上表你的过失了，说得很是清楚，何况让你把孩子送到京城，你找借口不送，大家很是奇怪。《魏略》中记载了魏三公上奏的内容，大概是：我们听说枝大者披心，尾大者不掉，国家应该谨慎。汉初，就有六个王侯先后反叛，到文帝景帝时代，又有吴楚之乱，前事不忘，后事之师。"吴王孙权，幼竖小子，无尺寸之功，遭遇兵乱，因父兄之绪"，"权为犬羊之姿态，横被虎豹之文，不思靖力致死之节，以报无量不世之恩"。总之，是历数孙权这个小贼的罪状，并狠狠地批判了一通。

曹丕仍然是大气包容，用皇帝的风范对孙权说话，告诉孙权如果要表明忠节，以解疑议，就让孙登到朝中来做任子，孙登只要一到，他就把兵召回。"此言之诚，有如大江！"曹丕有时候很天真，估计是文人的浪漫所致，竟然在公文中，说外交中的坦诚，如同大江一样，谁会信这些荒谬呢？

孙权一看，认为自己已经低姿态了，如果曹丕见好就收，多好。可是非逼着他送儿子，那怎么可能？于是，这交情到此结束。立刻，他就派太重大夫郑泉去拜访白帝城的老冤家刘备了，重新开始西蜀与东吴的外交关系。

九

当然，刘备也是在吃亏中明白诸葛亮的联孙吴以对曹魏战略是不能违背的，就主动给孙权写了一封缓和的信。孙权看了以后说："近得玄德书，已深引咎，求复旧好。前所以名西为蜀者，以汉帝尚存故耳，今汉已废，自可名为汉中王也。"孙权是个务实的人，有坡就下驴，绝对不犹豫。

刘备给他的机会，他一定抓住，东吴、西蜀打归打，打完之后，依然是盟国，这是现实需要。郑泉见了刘备，刘备就问："吴王何以不答吾书，得无以吾正名不宜乎？"一代枭雄也有心虚的时候，刘备意思是孙权为什么不回信？该不是我称帝不合适么？

郑泉说的话，真是打了刘皇叔的脸，"曹操父子陵轹汉室，终夺其位。殿下既为宗室，有维城之责，不荷戟执殳为海内率先，而于是自名，未合天下之议，是以寡君未复书耳"。大致意思为，你倡导的兴复汉室，这也是你的旗帜，现在你倒自己称帝，完全是违背了你最初高举的道义旗帜，所以，我们主公没有回信于你。

"备甚惭恧。"许慎《说文解字》中说"恧"，惭也，从心，而声。刘备是内心深处的羞愧啊，后人读到这一段的时候，应该能够推测，刘备可能不是因为夷陵之战的失败而早逝，而是因为内心深处的惭愧，郁闷早逝。

正是如此原因，诸葛亮才不遗余力、不计成本地一心北伐。"鞠躬尽瘁，死而后已"，这里有这对君臣的执着道义。

孙权的目标却很明确，在历次隐忍之后，获得三国纵横中最为有效的利益，赤壁之战，东吴胜出；夷陵之战，东吴胜出。

十

黄武二年（223）四月，一代枭雄刘备病逝。黄武五年（226）七月，北方劲敌曹丕病逝。一个一个的强劲对手退出历史舞台，孙权于黄龙元年（229），在武昌（湖北鄂城）称帝，国号为吴，后迁都建业（今南京）。

孙权登基的时候向上天祷告，文章内容逻辑严谨，论证有力。《吴录》记载："汉享国二十有四世，历年四百三十有四，行气数终，禄祚运尽，普天驰绝，率土分崩。"汉朝政权气数已尽，始于董卓，终于曹操，导致天下大乱，九州割据，民神痛怨。曹操之子，孽臣曹丕夺了政权神器，曹丕之子曹叡更不是好东西，继续作恶。我孙权生于东南，遭逢如此世事，接受上天的安排带领军队拯救黎民百姓。"志在平世，奉辞行罚，举足为民。群臣将相，州郡百姓，执事之人，咸以为天意已去于汉，汉氏已绝祀于天，皇帝位虚，郊祀无主"。大家都认为刘氏天下已无天意支持，但是皇帝的位置空缺了，没有人负责祭祀天地之事是不行的。"权畏天命，不敢不从，谨择元日，登坛燎祭，即皇帝位"。我孙权可是敬畏天命，不敢不当这个皇帝，这是上天的安排。这句话应了当初周瑜劝说鲁肃来东吴工作时候的那个理由："且吾闻先哲秘论，承运代刘氏者，必兴于东南。"

东吴正式建国，孙权登基，同样务实的诸葛亮也派遣卫尉陈震出使，并庆祝孙权践位大典，双方签约盟誓，先把曹操、曹丕、曹叡骂一通，然后说："今日灭叡，非汉与吴，将复谁任？""自今日汉、吴既盟之后，勠力一心，同讨魏贼，救危恤患，分灾共庆，好恶齐之，无或携贰。若有害汉，则吴伐之；若有害吴，则汉伐之。各有分土，无相侵犯。传之后叶，克终若始。"

现在也不称西蜀为蜀了，堂堂正正地与汉结盟，不过，此汉是蜀汉，不是前朝的汉了。用孙权的思维方式，不就是一个称呼，犯得着那么较真吗？没实际意义，刘禅、诸葛亮高兴就好，只要支持我称帝。

陈寿对他的评价，就集中在忍耐这一点上，"孙权屈身忍辱，任才尚计，有勾践之奇，英人之杰也。故能自擅江表，成鼎峙之业"。

十一

其四，孙权很注意从别人身上汲取教训。

曹丕称帝，刘备称帝之后，三国鼎立，局势相对稳定。即这个时候，孙权反而意识到，是多事之秋，尤其是提醒自己的将领要注意武备以及个人安全问题，这其实也是对孙策与孙翊之死的教训的汲取。

他下令诸将："夫存不忘亡，安必虑危，古之善教。"并举出汉代名臣隽不疑的典故，来警示诸将。汉武帝末年，隽不疑拜见使者，门口小吏要解去他身上的佩剑，《汉书》中记载，隽不疑朗声说："剑者君子武备，所以卫身，不可解。请退。"

孙权就要求诸将要像隽不疑一样，"昔隽不疑汉之名臣，于安平之世而刀剑不离于身，盖君子之于武备，不可以已"。何况现在东吴所处的环境，强敌在畔，豺狼交接，怎么可以大意，怎么可以忽视突发事件呢？

"顷闻诸将出入，各尚谦约，不从人兵，甚非备虑爱身之谓。"孙权认为诸将最近出入不带侍从和兵器的风气是非常危险的，他警示大家，做好各自的保卫工作，这是对自己对父母对君上的负责，远离危险与受辱，才是流芳百世之道。

孙权对自己的安全也很重视，合肥一战遭魏将张辽袭击，幸得左右给使谷利常护身旁，帮助他马跃津桥，孙权回来就拜谷利为都亭侯。

后孙权在武昌新装大船，名为长安，在钓台圻试航。当时突然起大风，谷利为安全起见，立即命令舵工开往樊口。孙权却说开往罗州，谷利抽出腰刀对舵工说："不取樊口者斩。"船工们把船开往樊口，这个时候风浪迅猛,船已经无法航行,众人得以安全返回。孙权就问:"阿利畏水何怯也?"

江东的将领都是水上漂,一个一个都是浪里来浪里去,何曾怕过水。谷利就说:"大王万乘之主,轻于不测之渊,戏于猛浪之中,船楼装高,邂逅颠危,奈社稷何?是以利辄敢以死争。"

孙权深感谷利之忠诚,"于是贵重之,自此后不复名之,常呼曰谷"。

十二

其五,孙权有很强的自我反省能力。

每一个人都需要成长,唯有不断成长的人才具有持续的生命力。同样,一个管理系统也需要不断地修正,一个管理者更需要不断地自我反省和学习完善,孙权便是这样一个管理者。

为吴王后,孙权大宴群臣,喝到最后,很多人已经不胜酒力,但孙权酒量好,他就端着酒壶,亲自与大家再喝几杯。走到虞翻处,虞翻就假装大醉,卧地不起。等到孙权走过,虞翻竟然起身而坐。

虞翻平时也多此犯颜谏争,再加上性格刚直,经常会被人打报告,孙权心中多有不悦。这一次撞上了,那就一起算账,孙权拔剑就要杀了虞翻,愈加酒后冲动,气血上涌，那架势把同坐的诸位吓呆了。

只有大司农刘基迅速起身，抱住了孙权，苦苦哀求他饶了虞翻，并说："大王以三爵之后手杀善士，虽翻有罪，天下孰知之？且大王以能容贤畜众，故海内望风，今一朝弃之，可乎？"意思是，大王息怒，虞翻杀不得，你是酒后杀士，影响恶劣。

孙权盛怒之下，持剑在手，大声说："曹孟德尚杀孔文举，孤于虞翻何有哉！"他认为孔融孔文举天下名士，曹操都能杀，我杀一个虞翻算什么？

刘基很是会说话，也能摸透孙权的心思，道："孟德轻害士人，天下非之。大王躬行德义，欲与尧、舜比隆，何得自喻于彼乎？"意思是，曹操杀害士人，天下都对他有意见，你是打算和尧、舜这些圣君并肩的，你怎么能和他比呢？

孙权或许也并不打算真的杀了虞翻，只是虞翻太不给面子，如今面子找回来了，也就免了虞翻的死罪。

这个时候，孙权了不起的地方是，他立即救命左右近臣侍卫："自今酒后言杀，皆不得杀。"通过自我修正来实现一个更为合理的秩序存在，从而避免下一次的风险。

后来孙权打算出兵辽东，虞翻此时已经罪放交州，仍心忧家国。他认为辽东遥远，所去之人带着财务以求军马，于国家并没有什么大的利益，并且风险极大。于是，虞翻写了报告，交给吕岱，吕岱却没有上报，还被是非之人用来说是心有不满，等等。

《江表传》记载：孙权派遣将士至辽东，于海中遭风，大多沉没，丧身鱼腹，孙权悔之不及。想起虞翻，对近臣说："昔赵简子称诸君之唯唯，不如周舍之谔谔。虞翻亮直，善于尽言，国之周舍也。前使翻在此，此役不成。"如果虞翻在我身边，也不会出现如此失误。

就跟曹操在赤壁之战失败后大哭"哀哉奉孝，痛哉奉孝，惜哉奉孝"，国难思良将一样，孙权想起了虞翻的好。他催促下面的人问一下交州：虞翻如果还活着的话，赶紧派人和船过去，请虞翻回都；若是虞翻已经去世，送丧回他的老家，并让他的儿子出任官职。很不幸的是，虞翻已经逝世。

十三

从孙权身上，能看出一个管理者需要具备的一些素质。建安十八年（213），曹操出濡须，孙权对阵，双方水战，东吴占优势，曹军坚守不出。孙权乘船刺探曹营，曹营以弓弩应付，箭如雨下。"箭著其船，船偏重将覆，权因回船，复以一面受箭，箭均船平，乃还。"

孙权的战舰如同刺猬一般，全是曹营射来的箭，等到船行出五六里，孙权命令军士大作鼓吹，这是《三国演义》中"草船借箭"的真实原型。

曹操看到东吴舟船器仗军伍整肃，旗帜猎猎，喟然长叹："生子当如孙仲谋！若刘景升儿子，豚犬耳！"

南宋词人辛弃疾，在长江边上，北望神州，凭吊古战场，感慨时事，想起千古兴亡事，脚下长江滚滚滔滔，满是当年孙吴将士的喊杀之声，他挥笔："年少万兜鍪，坐断东南战未休。天下英雄谁敌手？曹刘。生子当如孙仲谋。"

他呼唤孙仲谋的英雄气势！

三国时代投资房产
那是求田问舍

最近几日，舆论圈中很热闹地在讨论一个话题，那就是清华北大的毕业生买不起学区房的事情。我记得其中一个段子很有趣，是关于北京出租车司机的一段话：

"打车到北大，车上聊起某人前几年就买房了，真是人生赢家。出租车大爷默默听了很久说：'我家拆迁分了几套房，但我就是一开车的，你们才是国家的未来和希望。如果你们从清华北大毕业后人生的目标就是在北京买套房，而不是思考这个国家的未来，那这个国家真的就没有希望了。'"

这个段子和早先关于名校生的讨论，有点相似。在《奇葩说》的一期节目中，蔡康永和高晓松直接就把一位在清华先后读了法律本科、金融硕士、新闻传播学博士的小伙子淘汰掉，因为这位小伙子在苦恼自己毕业以后做什么工作。高晓松不客气地对他说："大名校生应该胸怀天下。名校毕业是干嘛用的，不是找工作用的！一个名校生走到这里来，一没有胸怀天下，二没有改造国家的愿望，反而问我们该找什么工作，你觉得你愧不愧对清华十多年的教育？"

一

如此看来，这个话题会一直持续下去，不过这却不是什么新鲜话题。因为三国的时候已经就这个类似的话题展开过讨论，并且被陈寿认认真真地写在了《三国志》中，以警示后人。

身为名校生，却一门心思琢磨在京城买一套房子，如果放在三国的时候大家会怎么看呢？

三国中就有这样的一位，名叫许汜，曾经是吕布帐下的谋士。

吕布被曹操包围在下邳城的时候，许汜和王楷告急于袁术。袁术说当初与吕布有儿女婚约，吕布却出尔反尔，追还女儿，毁了婚约，还把使者韩胤给斩杀了，现在是兵败活该，求救有什么意义？许汜和王楷就说："明上今不救布，为自败耳！布破，明上亦破也。"纵横征伐之间多是利益纠葛，许汜和王楷给袁术讲的就是"城门失火，殃及池鱼"的道理，袁术不得不部署军队，陈兵观望以为威慑和声援。

可惜吕布就是那种没有主意的人。他原先和袁术的儿女婚约，一方面是因为袁术觉得吕布颇有战斗力，可以结盟以增强自己的实力，就为自己儿子求婚于吕布的女儿；另一方面吕布寻思袁术是名门，又军力雄厚，联姻有利可图，就答应了这门亲事。于是，袁术派遣手下韩胤为使者，前往接亲，并转告吕布自己打算自立为帝。

当时的沛相陈珪，是汉灵帝时太尉陈球的侄子，也是公族名门之后，年少的时候就和袁术有交情。袁术非常想让陈珪协助自己以成大业，但是，陈珪心有汉室，根本看不上这位野心不小的公子哥。

陈珪曾写信批评袁术："今虽季世，未有亡秦苛暴之乱也。曹将军神武应期，兴复典刑，将拨平凶慝，清定海内，信有征矣。以为足下当戮力同心，匡翼汉室，而阴谋不轨，以身试祸，岂不痛哉！若迷而知反，尚可以免。吾备旧知，故陈至情，虽逆于耳，骨肉之惠也。欲吾营私阿附，有犯死不能也。"大意是，当今时政虽乱，却不像秦末暴政，曹操勇武，恢复制度，匡扶海内，并能稳定政局。因为是老朋友，我才说实在话，规劝你应该和曹操一起兴复汉室，而不应该图谋不轨；否则，大祸临头。你若是想让我和你一起做这种大逆不道的事情，那是绝对不可能的。

想来拥护中央和曹操的陈珪，眼见吕布和袁术要联合，相当于徐州和扬州的两大军事集团的结盟，这对国家的统一来说，可不是什么好消息，并有可能成为曹操的劲敌。

陈珪便游说吕布："曹公奉迎天子，辅赞国政，威灵命世，将征四海，将军宜与协同策谋，图太山之安。今与术结婚，受天下不义之名，必有累卵之危。"吕布内心就又开始犹豫了，在衡量到底是跟袁术一起好处多，还是和曹操一起好处多。

这个时候，吕布又想起了当初袁术不接纳自己的陈年旧事，很是不爽，终于找了这个合适的理由，用情绪来做决策，拒绝了袁术的婚约。女儿已经走到半路上了，他派人追回，同时，还把韩胤用囚车送到许县，斩首示众。

陈珪想派自己儿子陈登去拜见曹操，吕布认为陈珪越过自己见朝廷，得了好处怎么办？可见他是典型的见不得别人好的那一类人，就反对陈登前往，碰巧朝廷的使者到，任命吕布为左将军，吕布大悦，才同意陈登到许县，并让他上表汉献帝谢恩。

吕布的左右摇摆和变数无常，都是以自己的小利益为重。吕布的得力干将、曾经打败过夏侯惇的高顺，都看不下去了，就提醒吕布不要随心所欲地变动，要周详慎思："凡破家亡国，非无忠臣明智者也，但患不见用耳。将军举动，不肯详思，辄喜言误，误不可数也。"最终，吕布兵败，被吊死在白门楼。

　　陈寿估计是十分讨厌吕布，对他的点评没有一句好话："吕布有虓虎之勇，而无英奇之略，轻狡反复，唯利是视。自古及今，未有若此不夷灭也。""轻狡反复""唯利是视"这两个词是价值判断中的小人标准。就如同一个单位的领导不想着发展事业，一门心思地琢磨自己怎么样在退休前从职位上获利，所有的管理措施都取决于他能不能获利一样，这样的人是走不远的，是会被人唾弃的。

二

　　许汜在吕布兵败之后，就投奔了刘表。

　　而刘表刘景升，荆州牧，虽"少知名，号八俊"，"地方数千里，带甲十余万"，可整个三国中的英雄人物对他评价都不高，皆源自于他的"外宽内忌，好谋无决，有才不能用，有善不能纳"。说明他和袁绍属于一类人。

　　曹操曾对众人说："我攻吕布，表不为寇，官渡之

役，不救袁绍，此自守之贼也，宜为后图。"等到曹操
要远征袁尚及北方的乌丸时，众人依然担心刘表袭击后
方，因为，此时刘备已经投奔刘表，若是刘表派刘备出
击，很是麻烦。郭嘉对刘表的评价是："表，座谈客耳，
自知才不足以御备，重任之则恐不能制，轻任之则备不
为用，虽虚国远征，公无忧矣。"大用刘备，刘表不敢；
小用刘备，刘备不干。

于是，刘表麾下便聚合了许汜之类的人，不务正业，
喜欢点评人物。放在当下，就是一个单位中业务不强的
人，特别喜欢开会，在开会的过程中寻找存在感，开会
讲话的时候也不谈业务，因为不懂业务，就只能讲一讲
往事，讲一讲他认识哪一位领导。

碰到这种工作环境，刘备不得不忍着。有这么一天，
刘表心情不错就把刘备、许汜等人召集起来，点评一下
天下人物，算是一个务虚的茶话会。陈寿在《三国志》
中把这个茶话会写得妙趣横生，若在眼前。

许汜上来就说陈登陈元龙"湖海之士，豪气不除"。
意思是陈登这个人，也就是一个江湖中人，颇有骄横
之气。

刘备一听，这是什么话？要知道，刘备和陈登二人，
可是相互欣赏，英雄惜英雄的。当年徐州牧陶谦病逝之

前，打算把徐州交给刘备，就对麋竺说："非刘备不能安此州也。"后来，麋竺率领众人迎接刘备主政徐州，可刘备担心诸侯不服，就不敢接过这份重担。陈登劝说刘备："今汉室陵迟，海内倾覆，立功立事，在于今日。彼州殷富，户口百万，欲屈使君抚临州事。"刘备还是担心，就推荐袁术袁公路，四世五公，海内所归，建议把徐州交给袁术。陈登很是直接："公路骄豪，非治乱之主。今欲为使君合步骑十万，上可以匡主济民，成五霸之业，下可以割地守境，书功于竹帛。若使君不见听许，登亦未敢听使君也。"同时，北海相孔融也劝说刘备："袁公路岂忧国忘家者邪？冢中枯骨，何足介意。今日之事，百姓与能，天与不取，悔不可追。"经大家这么一劝，刘备才统领徐州军政。

刘备就转过头对刘表说："许汜讲的对还是不对呢？"

刘表就喜欢这种被别人咨询的感觉，尤其是开会的时候，他可以车轱辘话翻来覆去地讲，毫无观点，又想左右逢源，就扬扬得意地开始扯："欲言非，此君为善士，不宜虚言；欲言是，元龙名重天下。"

刘表的话，似乎是居中，两不得罪，要说许汜说的不对吧，许汜可是个好人啊，也不会说什么虚言；要说他说的对吧，陈元龙可是天下闻名。这简直和没说一个样。

刘备听了刘表的话，觉得毫无意义。就问许汜："君言豪，宁有事邪？"意思是说，你说陈元龙骄横，恐怕是有什么原因吧？

许汜才不紧不慢地说："昔遭乱过下邳，见元龙。元龙无客主之意，久不相与语，自上大床卧，使客卧下床。"果然是有原因的，当年两个人相见的时候，陈登没有照顾好这位许汜，没有奉为上客，好酒好菜招待，甚至都懒得和他说上几句话。而且，陈登自己舒服地躺在大床上休息，让许汜卧小床，简直就是不拿许汜当回事。

刘备听了，很不客气地说，你也算当今社会有名望的人，天下如此，你不考虑家国之事，到处圈地到处投资房产，谈话的内容也没有一点价值，是陈登最为不屑的，你还好意思说人家高傲。换做我的话，那就是我在百尺高楼之上休息，你只能在地上了，连大小床的差异都别奢望。

陈寿把刘备讲的原话写得酣畅淋漓："君有国士之名，今天下大乱，帝主失所，望君忧国忘家，有救世之意，而君求田问舍，言无可采，是元龙所讳也，何缘当与君语？如小人，欲卧百尺楼上，卧君于地，何但上下床之间邪？"

这个时候，刘表哈哈大笑，也顾不了许汜的脸红不红了。

刘备此时感慨：陈登这样了不起的文武兼备、胆气开阔的人，只有古代才有，当世少有，一般人无法相比。"若元龙文武胆志，当求之于古耳，造次难得比也。"

三

要说陈登陈元龙，却非一般人物，《先贤行状》中记载："登忠亮高爽，沈深有大略，少有扶世济民之志。博览载籍，雅有文艺，旧典文章，莫不贯综。"

陈登在许县见到曹操，就对曹操说吕布勇而无谋，成不了气候。曹操也觉得吕布狼子野心，于是就拜陈登为广陵太守。临别的时候，曹操握住陈登的手说："东方之事，便以相付。"叮嘱陈登暗聚部众以为内应。

到任广陵，陈登赏罚分明，爱惜民力，威望日隆。就连当地的海贼薛州有一万多人的部众，都归附于他，当地的百姓对他是既敬畏又拥戴。于是，曹操围攻下邳城，陈登帅部众为先锋，最终，逼迫吕布等人土崩瓦解，或投降，或被缚。

朝廷因陈登之功，加拜伏波将军，一时间名盛江淮。

陈登遂有吞灭江南之志，他的眼光和胸怀，可不在投资房产上，他望着对岸的万里江山，想的是国家一统。

而对岸的英雄，正是骁勇善战的孙策。战场上几乎没有败绩的孙策曾经和他两次交手，都以兵败而告终，并且都是死伤万余人。第一次是孙策派遣人马兵临城下，十倍于陈登郡兵，众人惶恐想弃城而逃，陈登以示弱突袭之法，大破之；第二次则是孙策整兵派遣孙权再战广陵，兵围匡奇城，陈登知道来者不善，一方面命功曹陈矫找曹操搬救兵，另一方面以多设火把为疑兵，虚张声势，惊退敌兵，而后纵兵追击，斩首万级。后陈登调任东城太守，广陵吏民不舍，扶老携幼都打算追随于他。

调走了陈登，东吴在广陵前线失去了敌手，"孙权遂跨有江外"。

曹操每一次临大江，都会感慨，"恨不早用元龙计，而令封豕养其爪牙"。

如此看来，许汜和陈登比起来，均有国士之名，然，许汜求田问舍，在海边在老家在京城遍买房产，并没有为这个社会创造什么价值。他常常说的一句话就是：我的孩子，有了这些房产，可以不工作了。而陈登则造福一方百姓，镇守一方平安，这才是真正的国士，也在几十年的人生中滔滔滚滚地实现了自己的士子治国安邦之梦。

　　所以，名校生，若是如许汜一般，的确有愧于国家与民众的期许。

余子琐琐，亦焉足录哉

——正直的能量

如果有人问我，看过最震撼的电影是哪一部？

我会毫不犹豫地回答，是《肖申克的救赎》。

如果要问原因的话，那就是"为自由，不驯化"。

一

《肖申克的救赎》中的主人公安迪，因冤案而被判入狱，进入了一个强制剥夺自由、高度秩序歪曲的环境。每一个进入这一环境的人，都在"时间流逝、环境改造"中被驯化，并成为其中的一分子，甚至有的人出狱之后，已经适应了被驯化的秩序，丧失了自由的能力，在一个正常的社会中无法生存以至上吊自杀。

而安迪为了人生的自由，为了灵魂的希望，用一把小小的鹤嘴锄，一点一点在墙壁上挖了逃生的隧道，在一个风雨交加、雷声大作的夜晚，通过下水道越狱成功，他站在风雨中，双臂伸开，感谢上苍的支持，感受自由的抒怀。

这一切皆源自于，他没有被那个险恶的环境所驯化。

《肖申克的救赎》其实是一个极其彪悍的隐喻，象征着个人与环境之间的角力，尤其是那种试图驯化个人、力求小群体利益最大化的腐朽环境。

朋友的单位是一所学校，去年考核的时候，教学单位只有被职能部门考核的权力，没有考核职能部门的权力，结果可知，优秀的都是职能部门。这样的单位，落后的状况可想而知。而朋友是从外地调入，怀抱着教育的情怀，自然不堪忍受这些无赖的官僚风气，努力做专业，希望以才华和正直影响更多的师生。有趣的是，众多"好心"同事劝说他少做事多开会，还有人说："有能力不要太高傲，要顺从不合理，学会让领导满意，进入派系与圈子，教学凑合一下就可以，这样别人舒服，你自己也舒服。"

"那你怎么想的呢？"我问朋友。

"借用木心的一句话：我悲哀地看着你们这群不知道悲哀的人们。我庆幸我没有被驯化，大学不是官僚机构。"朋友笑着对我说，有一种发自内心的欣慰。

朋友单位中那些维护旧秩序的同事们，不已经变成了《肖申克的救赎》中监狱里的那些人物么？他们不愿改变，他们也无能为力，他们已经是温水中的青蛙。尽管青蛙们已经设定了自己的层级体系，在这个已经衰退且即将被淘汰的环境中，怡然自乐。这些温水中的青蛙，绵软无力，适应了所有的不合理与不正常，如果他们走出这个单位，将会茫然不知所措。

被驯化的幸福代价是丧失正常的思维能力与生存能力，所以，他们不希望看到朋友去努力做正确的事情，这会证明他们的幸福其实是一种无奈的堕落，是一种可怜的肥皂泡。

想必，《肖申克的救赎》中的安迪也只能无奈地看着那些表面上扬扬得意、高高在上的管理者，还有那些表面上忙忙碌碌、规规矩矩的被管理者，尽管安迪被他们看作是另类，但是不在同一维度上的生命，就是有这样的差距。

这让我想起了三国中的吕布和陈登，许汜和陈登，他们便是不在同一维度上的人。

二

"布便弓马,膂力过人,号为飞将"，《三国演义》中的吕布，那是有名头的，"马中赤兔，人中吕布"，颇有几分英雄的气势，尤其是辕门射戟一场戏，被罗贯中写得利落且豪爽。当时，袁术派遣大将纪灵攻打刘备，吕布把两家叫在一起，劝两家不要厮杀，并让部下把自己的方天画戟放在辕门外远远地竖立起来。对纪灵和刘备说："辕门离中军一百五十步。吾若一箭射中戟小枝，你两家罢兵。如射不中，你各自回营，安排厮杀。有不从吾言者，并力拒之。""只见吕布挽起袍袖，搭上箭，扯满弓，叫一声：'着！'正是：弓开如秋月行天，箭去似流星落地。一箭正中画戟小枝，帐上帐下将校，齐声喝彩。"一场大战，尤其是本就力量薄弱的刘皇叔，危在旦夕，就因吕布精彩的百步穿杨的功夫，而使众人松了一口气，还替刘皇叔暗自庆幸。故而，吕布的形象似乎不那么令人厌恶。

而正史中的吕布，不仅贪婪，一心谋取官位，还很狭隘猥琐，除了勇武，几乎是一无是处。《英雄记》中记载，汉献帝给了吕布平东将军的待遇，曹操就派遣奉车都尉王则为使者宣布诏令，还带来了平东将军的印绶。曹操专门写了一封信给吕布，告诉他：国家没有好金，我取自家的上乘金子给你做印，国家也没有好的紫绶，我也是拿的自己的紫绶给你，总之，袁术称天子，将军应当阻止。吃透吕布心思的曹操，就给他端来了一锅温水。吕布大喜，还派陈登谢恩，并送给曹操一副质量更好的绶带以答谢曹操。

　　陈登此去拜见汉献帝，吕布就要求其为自己谋取徐州牧的位置。等到陈登回来的时候，未如所愿，吕布大怒，拔出手戟砍面前的桌子，对陈登说：你们父子让我绝婚袁术，联合曹操，现如今我的官职一无所获，可你们父子却日益显重，我看是你们把我给卖了。你在曹操那里都帮我说了什么？曹操又是怎么答复的呢？

　　陈登看着眼前的这位利欲熏心、一心想谋取官位、不思国家百姓福祉的军阀头子，就如同一个单位的领导，整天不琢磨业务，一门心思去上级单位溜须拍马，一旦领导来视察，他就兴奋得像打了鸡血，丝毫没有自己的尊严。

　　陈登内心深处泛起无比的蔑视，丝毫不受吕布怒气的影响，慢慢地说："登见曹公言：'待将军譬如养虎，当饱其肉，不饱则将噬人。'公曰：'不如卿言也。譬如养鹰，饥则为用，饱则扬去。'其言如此。"吕布意乃解。

　　但吕布早已经是官迷心窍，没有听出来陈登是把他比作老虎，曹操则是把他比作老鹰，也就是两个人都没有把他当作人来看，只是把他仅仅当作能不能用、要不要喂饱的禽与兽而已。而吕布自己或许也认可这种定位，他其实就是满眼都是级别利禄，没有所谓的情怀与使命。

等到吕布兵败被俘，被捆得结结实实。《三国志》记载，吕布这个时候为了求生，大将风范荡然无存，而是说："缚太急，小缓之。"请求捆绑得松一些，曹操说："缚虎不得不急也。"

《英雄记》中写道，此时，吕布对曹操竟然开始抱怨："布待诸将厚也，诸将临急皆叛布耳。"曹操就说："卿背妻，爱诸将妇，何以为厚？"布默然。

三

曹操能擒拿吕布，陈珪、陈登父子出力最多。陈登以功加拜伏波将军，在江淮之间得民心、有威名。

不过，有一批所谓的士子对陈登陈元龙的评价却很有意思，正如求田问舍的许汜所讲："湖海之士，豪气不除。"这说法不怎么好听，就如同，朋友单位的人说朋友有才能但高傲。

毕竟像许汜之类的人还是多，他们早已经被驯化，拥挤地躲在一个小池塘中，可怜兮兮地等着饲养人洒下的鱼饵，浑浑度日，终其一生。所以，他们见不得一个和自己不一样的人，突如其来要改变环境，打破黑乎乎的铁屋子，给他们带来光明。于是，他们能做的就是攻击那个没有被驯化，又无法比肩的人。

　　陈登自然也是知道这种情况，手下的功曹陈矫要去许都出差送文件，就对他说："许下论议，待吾不足；足下相为观察，还以见诲。"陈登意思是听说许都的一些文士经常在背后议论自己，似乎对自己的评价不是十分友好，就让陈矫捎带打听下，都是怎么回事，好有所知晓。

　　陈矫到了许都，办完业务，就和那些相关部门，还有一些所谓的当地名士喝酒打探，了解情况后，回来禀报陈登："闻远近之论，颇谓明府骄而自矜。"意思是大家都觉得你"骄而自矜"，相当于朋友被他们同事说"有才能，很高傲"的意思。

　　听了这个报告，陈登微微一笑，的确如此吧，就说了历史上闻名的一段话："夫闺门雍穆，有德有行，吾敬陈元方兄弟；渊清玉洁，有礼有法，吾敬华子鱼；清修疾恶，有识有议，吾敬赵元达；博闻强记，奇逸卓荤，吾敬孔文举；雄姿杰出，有王霸之略，吾敬刘玄德。所敬如此，何骄之有！余子琐琐，亦焉足录哉？"

　　简要的意思是，说到家风敦厚，德行俱备，我最敬重陈元方（陈纪、陈谌）两兄弟；说到德行清高，尊礼循法，我最敬重华子鱼（华歆）；说到为人正直坦荡，疾恶如仇，我最敬重赵元达（赵昱）；说到学识上博闻强记，才华横溢，我最敬重孔文举（孔融）；说到英雄胆识，有囊括四海的王霸器宇，我最敬重刘玄德（刘备）。

陈登一口气历数了当世的英雄豪杰，有文有武，有才有识，都是名冠江湖的人物，一个个引领风气，开拓宏业，即便是历史也无法掩盖这些人的品格与功业的光芒。

讲完之后，陈登感叹自己对这些人是发自内心的佩服，又怎么可能是一个骄傲自大的人呢？那些人说自己"骄而自矜"，大概是因为没有时间和他们打交道，也没有心思理会他们罢了，比如许汜。

"余子琐琐,亦焉足录哉？"那些人也的确是庸碌不堪，当一天和尚撞一天钟，消耗度日，不值一提。用现在的话说，这些被驯化的人虽然是十七岁，基本上活的是七十岁状态，如同臧克家的诗"有的人活着，他已经死了"，请别让这些人占我们生命的内存，没意义。

四

然而，"登雅意如此,而深敬友矫"。"（徐宣）与陈矫并为纲纪,二人齐名而私好不协,然俱见器于太守陈登,与登并心于太祖。"看不上的人，连一点时间都不愿意浪费。陈登却对才志之士礼敬友好，一个是陈矫陈季弼，一个是徐宣徐宝坚，这两位都是他的老班底。

先说陈矫，广陵东阳人，避乱江东的时候，孙策与袁术都想拉拢他，被他婉拒，回到老家后出任陈登的功曹，协助治理广陵。不仅陈登欣赏他，甚至是陈群陈长文也在曹操面前极力举荐。

孙策派孙权兵围匡奇城，陈登就让陈矫火速求救于曹操。陈矫见了曹操不是"求"援助、"求"救命，而是大气地陈述了曹操出兵相助的战略意义：我们那个地方虽然地域狭小，但区域位置重要，扼守要冲，属于兵家必争之地，若能得到您的救援，那么，鄱郡就能成为外藩，抵御东吴，挫败孙策的扩展阴谋。此地百姓会得到永久的安宁，曹公您的名声大震，那些没有归顺到您旗下的地方，也会"望风景附，崇德养威，此王业也"。

这段话，曹操听起来，不像是搬救兵，倒像是谈判，大奇之，不仅同意派兵营救，还想把陈矫留下来任用，陈矫推辞要紧急复命，保卫自己的家乡。

后来，陈矫被曹操任命为司空掾属，之后又相继被任命为相县县令、征南长史，彭城、乐陵太守、魏郡西部都尉。在跟随曹操出征汉中之后，出任尚书。曹操在洛阳去世时，群龙无首，众人仓皇之间不知道该怎么办，有的人就建议依据老规矩，可太子若继承新魏王，必须要等皇帝的诏命，不能擅自做决定。

若按照此意见的话，曹魏就要出现一个权力的真空期，以极大的不确定性产生各种可能的政治危险与军事危机。

政权倾危的关键时刻，需关键的人物出现，驳斥众议，敢于坚持，非常之事需非常之人。

陈矫便是其中之一。

陈矫站出来，威严地说："王薨于外，天下惶惧。太子宜割哀即位，以系远近之望。且又爱子在侧，彼此生变，则社稷危矣。"他立即召集百官，筹备迎立新王的礼仪，一天时间完成，第二天，便以王后的命令，命太子曹丕即位为魏王，宣布大赦天下，以安抚众心，同时，也就消除了众多的不确定性因素。

曹丕后来感慨："陈季弼临大节，明略过人，信一时之俊杰也。"

曹丕称帝之后，陈矫转吏部，封高陵亭侯，迁尚书令。

等到魏明帝曹叡即位，陈矫进爵东乡侯，依然是严格坚守本职，遵守制度，绝不做毫无原则的事情。正直而富有才干之人，往往会被那些闲人视为异己，加以攻击，即便是刘晔这等人物，也经常在曹叡面前讲陈矫的坏话，所幸曹叡还分得清忠奸贤愚，就对陈矫说："刘晔构君，朕有以迹君；朕心故已了。"

《世说新语》中写道，平日里，魏明帝很是担忧社稷前景，就问陈矫："司马懿这个人忠正，可以称得上值得托付的社稷之臣吧？"陈矫说了一句很有远见的话："朝廷之望；社稷，未知也。"那个时候，陈矫已经能够敏锐地看出司马懿虽然有朝廷之望，但是不是值得托付社稷，看是未必，后来的历史也证明了陈矫的判断是正确的。

一天，魏明帝心血来潮，突然想到陈矫的办公地点看一看。车驾到了尚书门前，陈矫就在尚书门口肃穆地站立。

陈矫问："陛下欲何之？"

魏明帝说："欲案行文书耳。"意思是也就是想看看你们的文书。

陈矫坦荡地说："此自臣职分，非陛下所宜也。若臣不称其职，则请就黜退。陛下宜还。"魏明帝大惭，回车而返。陈寿在《三国志》中行文，感叹陈矫"其亮直如此"。

正直坦荡的人，知道自己所行正道，秉持大义，毫不畏惧那些为私利而纷纷攘攘的群小。

五

陈登手下的另外一位名臣，是徐宣徐宝坚，广陵海西人，同样也是避乱江东的时候，没有接受孙策的邀请，回到故乡，跟随太守陈登，与陈矫齐名，尽管二人私交不好，但都很受陈登的器重。

后曹操也任命他为司空掾属，先后出任东缗令、发干令，后升迁为齐郡太守，之后又到许都任门下督。曹操西征马超的时候，就对官署说："今当远征，而此方未定，以为后忧，宜得清公大德以镇统之。"大军西出，曹操担心后方大本营的安危，需要选择一位清正无私、有大德能掌控大局的人镇守，他就选择了徐宣出任左护军，留下来统筹诸军。

徐宣与陈矫一样是耿直且敢于坚持之人，曹操崩于洛阳，群臣到大殿中致哀，有的人就开始着眼于自己的小团伙利益，提出更换一下各地守城将领，用谯县和沛国的人，这就开始了派系的划分，开始了党同伐异。

徐宣厉声说："今者远近一统，人怀效节，何必谯、沛，而沮宿卫者心。"徐宣敢于反对这些团团伙伙，其实正是反对那些因无能而形成的裙带关系，似蛀虫一般侵蚀着国家根基。大家都是为国家做事，人人效力，若是都用领导的老乡故人，各个部门都让出自一个地方的人负责，不看能力，看关系，岂不是冷了忠臣良将的心？果真是大气凛然，不可侵犯，让那些私心私利的人惭愧不已。

曹丕后来听到徐宣的意见，连连称赞"所谓社稷之臣也"。国之重臣，需公正致远，而不是借用职权，利益交换，不顾国家发展、民众死活。

魏明帝曹叡即位后，朝中中领军桓范举荐徐宣，他认为帝王用人，要根据实际的形势使用相应的人才。当群雄逐鹿，争夺之时，应该以策略之士为先，而政权稳定之后，在治平之世，则需要忠义品质为首。

六

何况，前人在这方面已经有了范本。《吕氏春秋》中记载，晋文公重耳在与楚国战于城濮之时，曾经询问舅犯（狐偃的别称）：楚众我寡，怎么办？舅犯就说："臣闻繁礼之君，不足于文；繁战之君，不足于诈，君亦诈之而已。"很明显，舅犯的意思，从外交到军事，都是诡道。

晋文公又把舅犯的建议咨询于雍季，雍季意见则不相同，他觉得："竭泽而渔，岂不得鱼？而明年无鱼，焚薮而田，岂不得兽？而明年无兽。诈伪之道，虽今偷可，后将无复，非长术也。"靠使诈战胜，非长远之计策。

晋文公依然采用了舅犯之建议，通过"退避三舍""诱敌深入""蒙马以虎皮""虚设二旆"和"舆曳柴而伪遁"等策略打败楚军，楚军主帅子玉惭愧自杀，晋文公一举称霸。

但是，战后晋文公奖赏的时候，雍季反而为上。左右人提醒重耳，城濮之战乃舅犯之谋略，应该多多奖励舅犯，如今雍季在前，舅犯在后，恐怕不妥当。晋文公对他们说："雍季之言，百代之利也；舅犯之言，一时之务也。焉有以一时之务，先百代之利者乎？"

孔子称赞晋文公的做法是权宜之计，用以却敌；长远之道，在于尊贤。故而晋文公称霸，理所应当。

不仅晋文公如此，汉高祖刘邦也是如此，战时多用陈平之谋略，天下大定后，则是把江山后代托付给周勃。

桓范举了这些例子，谈道："窃见尚书徐宣，体忠厚之行，秉直亮之性。清雅特立，不拘世俗。确然难动，有社稷之节。历位州郡，所在称职。今仆射缺，宣行掌后事。腹心任重，莫宜宣者。"从徐宣正直的品质和历任州郡的政绩，桓范认为徐宣是左仆射的最佳人选。魏明帝就采纳了此建议，任命徐宣为左仆射，后加侍中光禄大夫。

余子琐琐，亦焉足录哉——正直的能量

或许是因为陈矫关于君王不亲小事的建议，一次，相关部门的人把文书上奏给魏明帝看，魏明帝就问："吾省与仆射何异？"竟不视。

七

从陈登到陈矫再到徐宣，我们能看出曹魏一朝早期的昂扬正气，尽管被驯化的大有人在，但是，骨鲠之士，却能够居于朝中中坚，心存社稷，奋力作为，有所进取。

从曹魏三代帝王的用人决策上，也可以看出正直本身就是一种能量，可以托付，可以依靠。政权大事，也绝不能掉以轻心；否则，用那些犬儒，唯唯诺诺，阿谀奉承，不务正业，诋毁良臣名将，私下拉帮结派，只会让事业衰败，政权倾覆。

陈寿专门在《三国志·魏书·董昭传》中抄录了董昭上疏陈末流之弊。老臣董昭对朝中风气发展很是警惕，担心劣币驱逐良币，曾经上书魏明帝："凡有天下者，莫不贵尚敦朴忠信之士，深疾虚伪不真之人者，以其毁教乱治，败俗伤化也。"

对那些拉帮结派、裙带关系、浮华造假、溜须拍马之人，深恶痛绝，应该严厉处理，如"魏讽则伏诛建安之末，曹伟则斩戮黄初之始"。若是一个政权一个单位的人，不务业务，只钻营关系，借助同乡或亲朋或门生故吏，相互奔走，就会形成一个小池塘的生态，表面上一派平静，实则已经是生机全无，一潭死水，干枯有日。

"而执法之吏皆畏其权势，莫能纠擿，毁坏风俗，侵欲滋甚。窃见当今年少，不复以学问为本，专更以交游为业；国士不以孝悌清修为首，乃以趋势游利为先。合党连群，互相褒叹，以毁訾为罚戮，用党誉为爵赏，附己者则叹之盈言，不附者则为作瑕衅。"

当这些人掌握了一定的资源，就会把职位作为自己的私权，风气大坏，不做学问，但务交游，再以职位为工具，构筑更大的圈子。对自己的派系，相互吹捧，对那些公心敢言、业务精专之士，则百般刁难，横加阻挠，故意找茬，伺机报复，自己没有能力做的事，也不会让别人做成。依附于自己的人，可以名利实惠，不依附自己的人，则群起而攻，阴谋暗算，如同前文朋友的单位，或许，就是这个样子。

更有甚者，"又闻或有使奴客名作在职家人，冒之出入，往来禁奥，交通书疏，有所探问。凡此诸事，皆法之所不取，刑之所不赦，虽讽、伟之罪，无以加也"。也就是有的人更为阴险，使家奴门客，冒充自己的贴身家丁，如同现在的贪腐之官，利用自己的司机，游走各个部门，传递小道消息，误导众人价值判断，造谣中伤

余子琐琐，亦焉足录哉——正直的能量

119

坦荡正直的大臣，干涉正常工作，使业务精干者无进取之机会，使同乡亲附者横行于关键岗位，致使群情激愤，这些都是国法不许、刑罚必须严惩的现象与行为。

老臣董昭警示的，魏明帝很是认同。等到曹叡驾崩，曹爽秉政，浮华虚伪之气风行，曹魏从此日薄西山，再无重振之机会，如同董昭所担心的，职位变成私权，劣币驱逐良币，政权也就变成了司马家的政权。

而那些诋毁陈登、陈矫、徐宣这些忠贞之士的庸碌之人，也都成了丧家之犬，池塘水干，咸鱼不翻。

智能之士思得明君
——蜀郡张松的选择

春日里，前往彭州，探寻此地的文化资源与历史渊源，以期洽谈文化旅游与创意产业的发展。一路沿丘陵起伏，山山水水之间，杂花生树，白鹭伸展，同行都啧啧赞叹，果然是一方风水宝地，多是青山多是河流，间或少量的肥沃良田。

若是从历史资源的角度来讲，彭州与四川大多数地域一样，多多少少都有三国英雄的足迹。彭州此地便有桂花镇的蒲阳河畔，一处三圣寺，相传为张松故里。

寺庙中有棵参天古银杏树，相传为张松夫妇亲手所植，被称为"张松银杏"，树冠荫翳，香气四溢，白鹤成群休憩。邓小平曾经到此，绕树三匝，久久徘徊。

一

张松，在《三国演义》中的出场是第六十回"张永年反难杨修 庞士元议取西蜀"。话说姓张名松，字永年，乃益州别驾，"其人生得额镳头尖，鼻偃齿露，身短不满五尺，言语有若铜钟"。这形象被罗贯中写得简直叫一个难看，不知历史深处的张松是不是的确外貌不佳。

但是，裴松之注解《三国志》的过程中，对于张松，有《益部耆旧杂记》的材料："张肃有威仪，容貌甚伟。松为人短小，放荡不治节操，然识达精果，有才干。"以此推算，兄长容貌甚伟，张松也不会过于丑陋，罗贯中只不过不喜欢张松过于明显地抛弃暗弱的刘璋，投向刘备，故而用笔如此刻薄。

《三国演义》中，张松代表刘璋，为解张鲁之危，到许都求见曹操，张松不仅等候了三日，而且还是通过贿赂相府左右近侍，才得以觐见曹操。不想曹丞相见"张松人物猥琐，五喜不分；又语言冲撞，遂拂袖而起，转入后堂。"把张松给晾在那儿了，张松反而很自信地说："吾川中无谄佞之人也。"

紧接着，便是杨修出场，他"博学能言，智识过人"，并且"自恃其才，小觑天下之士"。两位高人相逢，先来了一场川中与中原言语上的过招。

杨修问："蜀中风土何如？"

张松回答："蜀为西郡，古号益州。路有锦江之险，地连剑阁之雄。回还二百八程，纵横三万余里。鸡鸣犬吠相闻，市井间阎不断。田肥地茂，岁无水旱之忧；国富民丰，时有管弦之乐。所产之物，阜如山积。天下莫可及也！"张松如此回答，也的确是身为四川人的自豪，天府之国，自古皆然，至今都是物产丰富，气候温润，这样才能滋养熏陶出四川人的悠闲与乐观。

杨修接着问："蜀中人物如何？"

张松夸道："文有相如之赋，武有伏波之才；医有仲景之能，卜有君平之隐。九流三教，出乎其类，拔乎其萃者，不可胜记，岂能尽数！"四川此地可谓人杰地灵，人才辈出，张松堂堂正正地大气推介自己的家乡，怪不得四川人要在他的故里建庙追思。

二

杨修杨德祖，太尉杨彪之子，谦恭才博，署仓曹属主簿，"是时，军国多事，修总知外内，事皆称意。自魏太子已下，并争与交好"。《三国演义》中杨修因才华卓越，不知掩饰，曹操嫉妒而杀之。《三国志·魏书·陈思王传》中则是"太祖既虑终始之变，以杨修颇有才策，而又袁氏之甥也，于是以罪诛修"。罪名则是杨修与曹植走得过近，"漏泄言教，交关诸侯"。

如此看来，不管是《三国演义》还是《三国志》都是公认杨修的才华，非同常人，在曹操阵营中处于极为重要的地位。

杨修被杀有多种原因，颇有才干而威胁曹氏政权未来当然是其中之一，《三国演义》便依照这个思路写了一幕文人之间角力的精彩大戏。杨修为了让张松信服中原人了不起，就拿出了曹操的著作《孟德新书》让张松看。

张松"从头至尾，看了一遍，共三十一篇，皆用兵之要法"。看完之后，问杨修："公以此为何书耶？"杨修说："此时丞相酌古准今，仿《孙子三十篇》而作。公欺丞相无才，此堪以传后世否？"

张松这个时候使坏，就大笑说：这本书啊，在我们四川，三尺小童都能背诵，还能说什么新书，这本是战国时候无名氏所作，曹丞相这是抄袭人家，窃为己用，只不过欺瞒你罢了。

聪敏的杨修，也有糊涂的时候，这就被张松给蒙住了，于是问："丞相秘藏之书，虽已成帖，未传于世。公言蜀中小儿暗诵如流，何相欺乎？"

张松这个时候，真是拼的硬功夫，既然文人之间要分个高下，那就用文人最擅长的博闻强记："公如不信，吾试诵之。""遂将《孟德新书》，从头至尾，朗诵一遍，并无一字差错。"

这下子，把杨修镇住了，说："公过目不忘，真天下奇才也！"罗贯中专门在此处强调了一下："后人有诗赞曰：古怪形容异，清高体貌疏。语倾三峡水，目视十行书。胆量魁西蜀，文章贯太虚。百家并诸子，一览更无余。"

后来杨修将此事报告给曹操，连曹操都不相信张松能有过目不忘的本领，反而开始怀疑自己这本著作的原创性，"莫非古人与我暗合否"？立刻命令左右扯碎这本兵书，烧了！

其实，这兵书，不是曹操剽窃战国的无名氏，而是张松有着惊人的记忆力。《魏书》中记载："太祖自统御海内，芟夷群丑，其行军用师，大较依孙、吴之法，而因事设奇，谲敌制胜，变化如神。自作兵书十万余言，诸将征伐，皆以新书从事：临事又手为节度，从令者克捷，违教者负败。"

这其中记载的"自作兵书十万余言"，应该就是杨修所示的《孟德新书》的原型。

三

戏到此，的确是精妙绝伦，罗贯中继续给了张松一展品质的机会，让曹操于教场中阅兵，夸耀自己的武力：

"吾视天下鼠辈犹草芥耳。大军到处，战无不胜，攻无不取，顺吾者生，逆吾者死。汝知之乎？"

曹操这是在吓唬人，以为张松不过一介腐儒，没什么胆识，不想张松不仅才智过人，胆识也是非同寻常："丞相驱兵到处，战必胜，攻必取，松亦素知。昔日濮阳攻吕布之时，宛城战张绣之日；赤壁遇周郎，华容逢关羽；割须弃袍于潼关，夺船避箭于渭水：此皆无敌于天下也！"当着曹操的面，尽数曹操的短处与窘迫之经历，整部《三国演义》中恐怕除了祢衡，也就只有张松了。

而《三国演义》中张松的这几场大戏，多多少少有源自于史实的影子与线索，只不过罗贯中做了情节的拔高与情绪的渲染。

陈寿在《三国志·蜀书·刘二牧传》中写到刘璋听说曹操平定荆州，已定汉中，就派河内阴溥致敬示好于曹操，后又派遣"别驾从事蜀郡张肃送叟兵三百人并杂御物于曹公，曹公拜肃为广汉太守"。之后，刘璋又派遣张松拜访曹操，"曹公时已定荆州，走先主，不复存录松。松以此怨"。《益部耆旧杂记》中也记载"刘璋遣诣曹公，曹公不甚礼；公主簿杨修深器之，白公辟松，公不纳"。这说明了在张松拜见刘备之前，刘璋的确派遣张松求见曹操，同时，曹操也看不上张松，而杨修则是对张松非常欣赏，并极力举荐，曹操终不采纳。

《益部耆旧杂记》中还记载："修以公所撰兵书示松，松宴饮之间一看便暗诵。修以此异之。"此一情节，便在演义中变成了杨修与张松斗智，为张松所难，进而害得曹操火烧自己的科研成果。

而张松见了曹操，不为曹操所用，也并未卑躬屈膝，让蜀中逊色，反而是令中原士子的代表人物杨修佩服不已，若是从这个角度来说，张松不失为一位大义凛然、气节萦怀的英雄。

四

刘璋的父亲刘焉死后，众人选择接班人，益州中实力派人物赵韪觉得刘璋性格温仁，便推他为益州刺史，领益州牧。同时，赵韪出任征东中郎将，率众攻击荆州刘表。

《英雄记》中记载，早些时候，南阳、三辅（治理长安京畿地区的京兆尹、左冯翊、右扶风三位官员所管理的地区）百姓，因躲避战乱，纷纷逃入益州，达数万家，被征集为兵，统称东州兵。

这些来自于北方的东州兵，作风彪悍，时而会侵扰当地百姓生活，以致民怨较深。"璋性宽柔，无威略，东州人侵暴旧民，璋不能禁，政令多阙，益州颇怨。"可见，刘璋对益州的治理，不能够协调各方利益，无法形成较强的凝聚力。

赵匙是本土资深实力派，从刘焉的时候就已经追随多年，深得人心，平时政务，刘璋也多委任给他。日渐做大的赵匙实在看不过去刘璋的无能，"匙因民怨谋叛，乃厚赂荆州请和，阴结州中大姓，与俱起兵，还击璋"。等于，刘璋所依靠所宠信的老臣赵匙，都已经背叛了，可见他的治理能力与个人魅力。当时，蜀郡、广汉、犍为等地皆举旗响应赵匙。

刘璋吓得赶紧跑回成都城，坚守不出，但东州人对赵匙很是畏惧，不是同一个阵营，赵匙的上台，对于他们意味着什么，这些人很是清楚。于是"咸同心并力助璋，皆殊死战，遂破反者，进攻匙于江州"。赵匙在兵败的情况下，被手下部将所杀，刘璋算是松了一口气，但东州兵和当地人的隔阂则是日益加深。

从这起叛乱与政权的争夺上，可以看出，刘璋的确是凭借了好运气，而不是依靠他个人的能力。

到了刘璋打算迎接刘备，借助他讨伐张鲁的时候，主簿黄权黄公衡建议："左将军有骁名，今请到，欲以部曲遇之，则不满其心，欲以宾客礼待，则一国不容二君。若客有泰山之安，则主有累卵之危。可但闭境，以待河清。"

很简单的道理，一山不容二虎，何况刘备是出了名的当领袖的人物，刘璋的智商就是听不明白。刘璋手下从事，广汉人王累倒悬自己在城门，以反对刘备入境，刘璋都一无所纳，仍命令各地好好接待刘备，刘备当时是入境如归。听到这一消息后，巴郡太守严颜拊心叹息："此所谓独坐穷山，放虎自卫也！"

五

建安十六年（211），益州牧刘璋听说曹操派钟繇等人赴汉中讨伐张鲁，别驾从事张松对刘璋说，曹操兵力强大，席卷张鲁，进而西取蜀地，到那个时候，西蜀几乎没有人能够抵御。

刘璋就说：是啊，我的确很担忧，但是，我目前并没有合适的对策。

张松就出了主意："刘豫州，使君之宗室而曹公之深仇也，善用兵，若使之讨鲁，鲁必破。鲁破，则益州强，曹公虽来，无能为也。"

刘璋就采纳了这一建议，并派法正率领四千人迎接刘备。

法正这个时候已经不是第一次见刘备了，他几乎把刘备当作自己的主公对待。刘备想了解的情况，如蜀中的兵器府库人马多少，诸要害关口道路距离远近，法正都一一详告，同时，法正还建议刘备，益州可取。

刘璋为什么会选择法正呢？因为张松。

法正字孝直，扶风郡人，祖父法真，有清节高名，所以，法正算是名门之后。天下饥荒的年景，法正和孟达等人入蜀，依附刘璋，好长一段时间后才出任新都令，后被召回出任军议校尉。可以说法正在蜀中的日子不好过，即不能够得到重用，还被同去的老乡们诽谤，说他是人品不好，基本上处于边缘化的状态。

有才华、有能力、有远见的人总是相互欣赏，张松和法正之间的关系就处得很好，他们都不看好刘璋，觉得刘璋这个人，没有情怀，更没有胸怀，天下纷争之际，兵精粮足，不知用良将谋臣对外开拓，只知道躲在温柔乡中享受世袭的待遇，祸之将至，浑然不觉。这样的人当领导，自己没有未来，跟着自己的人也没有未来。

张松和法正在一起，每每谈及益州未来，以及政局形势，都郁闷不已，"忖璋不足与有为，常窃叹息"。正如诸葛亮在隆中对中为刘备分析："益州险塞，沃野千里，天府之土，高祖因之以成帝业。刘璋暗弱，张鲁在北，民殷国富而不知存恤，智能之士思得明君。"

机会总是有的，刘璋派张松到荆州拜见曹操，不想曹操新得荆州，赶跑刘备，志得意满，骄傲得已经看不上天下的士人，不尊重张松也就罢了，还给了张松很多难堪。

历史节点往往都是由于关键人物的特殊时刻际遇决定的。比如，那时的曹操的骄傲与张松的不舒服，张松回来就劝说刘璋断绝与曹操之间的来往，并极力推荐刘备，让刘璋结交刘备。

按照形势的发展，我们可以推算，因为曹操慢待张松，导致刘璋倒向刘备，后刘备取得益州的基业，势力做大，曹操更加难以统一华夏。

既然，要与刘备交好，刘璋就问，谁可以前往，完成这个使命呢？

张松自然是推荐了自己的好朋友法正，法正虽辞让，但，仍不得已前往。

六

历史走到这个关口，法正算是见到了传说中的刘备刘玄德，两个人一见，气场相投，彼此欣赏。法正的内心深处有一个声音：这个人才是我要拥护的明主。

事实也证明了法正与刘备两位的眼光是正确的，刘备得了益州之后，厚待法正，对他非常倚重，可谓言听计从。《三国志·蜀书·法正传》中记载："以正为蜀郡太守、扬武将军，外统都畿，内为谋主。"后刘备率军进军汉中，斩杀夏侯渊，也的确是法正的建议。

在一次刘备对阵曹操战场上，根据当时的形势，刘备应该撤军，但是，刘备正处在怒气之盛，众人都不敢上前劝说。战事紧张，羽箭如雨下，很是危险，法正就走到刘备之前。刘备说："孝直避箭。"法正说："明公亲当矢石，况小人乎？"刘备只好说："孝直，吾与汝俱去。"刘备此时才下令撤军。

等到刘备为汉中王，以法正为尚书令、护军将军，可见之信任。法正死的时候，刘备连着流泪伤心好多天。后刘备为报关羽之仇东征孙权，群臣多谏，包括赵云，刘备全都不听。

直到刘备兵败白帝城，诸葛亮叹息："法孝直若在，则能制主上，令不东行；就复东行，必不倾危矣。"诸葛亮这一句话的假设，是对刘备与法正之间君臣关系的最好评价。

等待法正回来之后，就对好朋友张松说，刘备是何等的英雄人物，何等的英才盖世。于是，两个人"密谋协规，愿共戴奉"。

有了这个共同的想法，就需要合适的机缘，听说曹操派钟繇讨伐张鲁，刘璋恐惧，机会就来了。正如前文所述，张松给刘璋的建议是迎刘备、讨张鲁，这一次任务当然又是法正出马执行。

法正见了刘备，就私下里献策："以明将军之英才，乘刘牧之懦弱；张松，州之股肱，以响应于内；然后资益州之殷富，冯天府之险阻，以此成业，犹反掌也。"刘备大悦，欣然同意，立即向西进发，与刘璋相会。

张松、法正等人甚至和刘备的谋臣庞统一样，都建议刘备在相会的时候袭击刘璋，可见刘璋平时的确没怎么收拢人心，还积累了众多的仇怨。

不幸的是，张松写给刘备与法正的书信被其兄张肃发现，并上报刘璋。刘璋这个时候，竟也果断地斩了张松。接下来便是，刘备与刘璋之间的战事，刘璋派的诸多将军，根本不是刘备的对手，纷纷败退。后来派遣的李严，竟然带领部众在绵竹不战而降，所谓墙倒众人推，大势已去，应该就是这样的效果。

七

建安十九年（214），刘备围成都，刘璋出降。刘备为益州牧，不仅重用法正这些主动支持者，还重用董和、黄权、李严等原来刘璋的老部下，甚至重用吴壹、费观这些刘璋的姻亲，以及刘璋所排挤的彭羕，当然还有刘备原来厌恶的刘巴，都尽可能地用在显要的职位。

回望刘璋在成都的岁月，那是一个龙腾虎跃的年代，以张松的才智，的确是忍受不了刘璋的庸碌无为。何况，如果西蜀得不到新的突破，就会沦为曹操的州郡，也就不会有蜀汉英雄气的三国鼎立。从这个角度来讲，张松思得明君，是源自于他自己想有一番作为，不想船沉与沉；正是爱蜀地，才愿意在蜀地建功立业，才"用脚投票"，主动选择，当之无愧的是一位探索前路的英雄。

而刘璋刘季玉，陈寿在《三国志·蜀书·刘二牧传》对他的评价是"璋才非人雄，而据土乱世，负乘致寇，自然之理，其见夺取，非不幸也"。用现在的话说，刘璋的才华无法匹配自己的职位，当益州被刘备夺取的时候，并不是不幸的。

天地英雄气，千秋尚凛然
——刘备刘玄德的英雄之名

刘备在发兵袭击益州的时候，北方的官员和士子在一起聊天，就谈到刘备，其中丞相掾赵戬说："刘备其不济乎？拙于用兵，每战必败，奔亡不暇，何以图人？蜀虽小区，险固四塞，独守之国，难卒并也。"

他们基本上是不看好刘备的，认为他经常打败仗，经常跑路逃命，何况西蜀山高路险，适合坚守，估计刘备打不下来。

傅幹却有不同意见："刘备宽仁有度，能得人死力。诸葛亮达治知变，正而有谋，而为之相；张飞、关羽勇而有义，皆万人之敌，而为之将：此三人者，皆人杰也。以备之略，三杰佐之，何为不济？"

这一段记录，便是对刘备刘玄德的看法，一个观点是刘备能力平平，难以成事；另一个观点则是刘备是一代俊杰，能驾驭英雄，必能成就大事。

唐代诗人刘禹锡在凭吊刘备之后写了一首《蜀先主庙》：“天地英雄气，千秋尚凛然。势分三足鼎，业复五铢钱。得相能开国，生儿不象贤。凄凉蜀故妓，来舞魏宫前。”诗中是把刘备看作天地之间的大英雄，千秋凛然。

一

刘备的英雄之名，最响亮的当是曹操给的。

两个人坐在一起喝酒的时候，曹操从容地对刘备说：“今天下英雄，唯使君与操耳。本初之徒，不足数也。”

当时刘备正拿起筷子和羹匙吃饭，这句话把他吓得一哆嗦，筷子勺子全掉在地上了。他以为曹操知道他的内心，准备对他有所图谋。

《华阳国志》中记载，正好头顶老天打雷，刘备弯下腰来捡起餐具，对曹操说：“圣人云‘迅雷风烈必变’，良有以也。一震之威，乃可至于此也！”刘备就这样掩饰过去了。

罗贯中在《三国演义》第二十一回“曹操煮酒论英雄 关公赚城斩车胄”中，浓墨重彩地来写这一段英雄对话，并先设置了一个美妙的场景，令读者顿时进入一种别样的意境。

话说刘备在种菜浇水的当口儿，曹操派许褚、张辽来请，刘备一肚子心事，到了曹操府上，曹操大笑说："在家做得好大事！"把刘备吓得惊魂未定，曹操拉着刘备的手，直至后园，曰："玄德学圃不易！"刘备这才稍安。

此时，曹操的诗人气质就出来了："适见枝头梅子青青，忽感去年征张绣时，道上缺水，将士皆渴。吾心生一计，以鞭虚指曰：'前面有梅林。'军士闻之，口皆生唾，由是不渴。今见此梅，不可不赏，又值煮酒正熟，故邀使君小亭一会。"这便是中国传统历史故事中的"望梅止渴"与"青梅煮酒"。

二

两个人酒至半酣，抬头看到天外乌云翻涌，因天气开始聊起腾云驾雾的龙。

曹操就说："龙能大能小，能升能隐。大则兴云吐雾，小则隐介藏形；升则飞腾于宇宙之间，隐则潜伏于波涛之内。方今春深，龙乘时变化，犹人得志而纵横四海。龙之为物，可比世之英雄。玄德久历四方，必知当世英雄。请试指言之。"

刘备一番推辞谦虚，曹操再三鼓励，刘备才给曹操做了一个鲜明的对比印象：曹操大气，刘备木讷；曹操雄阔，刘备寡闻。刘备把戏份做足，把自己藏好后，才真真假假地开口："淮南袁术，兵粮足备，可为英雄？"

曹操撇着嘴笑，说："冢中枯骨，吾早晚必擒之。"

刘备又说："河北袁绍，四世三公，门多故吏。今虎踞冀州之地，部下能事者极多，可为英雄？"

曹操哈哈大笑说："袁绍色厉胆薄，好谋无断；干大事而惜身，见小利而忘命，非英雄也。"

刘备一脸茫然地问："有一人名称八俊，威镇九州：刘景升可为英雄？"

曹操摇摇头说："刘表虚名无实，非英雄也。"

刘备若有所悟，似乎是找出了答案，说："有一人血气方刚，江东领袖：孙伯符乃英雄也。"

曹操喝了一口酒，答："孙策藉父之名，非英雄也。"

刘备面有难色地问："益州刘季玉，可为英雄乎？"

听说刘璋，曹操一脸不屑，鼻孔中哼了一下："刘璋虽系宗室，乃守户之犬耳，何足为英雄？"

刘备只好搜罗一下，剩下的人物："如张绣、张鲁、韩遂等辈皆何如？"

曹操拍掌大笑曰："此等碌碌小人，何足挂齿！"

刘备只好憨厚地说："舍此之外，备实不知。"

曹操和刘备两个人的一席对话，可以说是历数当世英雄，在青梅树下，煮酒畅谈，把袁术、袁绍、刘表、孙策、刘璋、张绣、张鲁、韩遂等人一一点评，竟然都入不了曹操的法眼。

曹操放下酒杯，豪气地说："夫英雄者，胸怀大志，腹有良谋，有包藏宇宙之机，吞吐天地之志者也。"

刘备却故意不提曹操，继续装傻地问："谁能当之？"

曹操盯着刘备，用手指玄德，然后指一指自己，说："今天下英雄，唯使君与操耳！"

刘备心里咯噔一下，高度紧张，手一松，勺子和筷子就掉了。恰好雷声大作，天要下雨，刘备赶紧收神，定一定，稳一稳，弯腰捡起，感叹一下："一震之威，乃至于此。"

曹操大笑："丈夫亦畏雷乎？"

刘备很是认真地说："圣人迅雷风烈必变，安得不畏？"这一绝妙的掩饰，算是瞒过了疑心重的曹操。

罗贯中在此处配了一首诗赞："勉从虎穴暂趋身，说破英雄惊杀人。巧借闻雷来掩饰，随机应变信如神。"

在一起喝酒的两个人，说话客客气气，实质上，一个是强势，一个是弱势，关键是每个人心中都是豪情万丈，暗藏杀机，转身两个人就是兵戎相见，毫不相让。

正是这种情绪的紧张起伏感和巧妙掩饰，才让这一幕成为《三国演义》中的精妙之处，每一次读起来，总觉得冷冷生风，又刺激异常。

三

曹操如此看重刘备，并以当世英雄相互期许，而刘备的表现却实在是让人觉得疑惑，打败仗是经常的事，逃跑也是经常的事，甚至老婆孩子都顾不了，这样的一个人怎么看也不像英雄的模样。

刘备与袁术相持于徐州的时候，吕布袭击下邳，"布虏先主妻子，先主转军海西"。后来，刘备求和，吕布才归还其妻子。刘备回到小沛，不小心惹怒了吕布，吕布再一次攻击刘备，刘备兵败投奔曹操。曹操给了他一些人马和军粮，让他反击吕布，不成想，吕布派遣大将高顺出击，曹操虽派了夏侯惇救援刘备，依然不敌，而刘备的妻子再一次成为吕布的俘虏。

我们在《三国演义》中第五回"发矫诏诸镇应曹公破关兵三英战吕布"，看得热闹非凡、酣畅淋漓。话说吕布叫阵，八路诸侯齐出观战，公孙瓒挥槊亲战吕布，不敌败走。"吕布纵赤兔马赶来。那马日行千里，飞走如风。看看赶上，布举画戟，望瓒后心便刺。"

这个时候刘关张出马，对他们的描述，画面感极强，"傍边一将，圆睁环眼，倒竖虎须，挺丈八蛇矛，飞马

140

大叫：'三姓家奴休走！燕人张飞在此！'""飞抖擞精神，酣战吕布。连斗五十余合，不分胜负。云长见了，把马一拍，舞八十二斤青龙偃月刀，来夹攻吕布。三匹马丁字儿厮杀。战到三十合，战不倒吕布。刘玄德掣双股剑，骤黄鬃马，刺斜里也来助战。这三个围住吕布，转灯儿般厮杀，八路人马都看得呆了。"

想想，这"人中吕布，马中赤兔"也不是虚称。我们理解的是刘关张如何英勇，三位英雄打吕布一位，反而还流传后世，成了脍炙人口的"三英战吕布"。所以后世好恶，尤其是形象传播很重要。

事实上呢，《三国志·蜀书·先主传》中，详细地记述了刘备曾经三次被吕布大败，两次被人家俘虏妻子，后来是曹操亲自东征，帮助刘备包围下邳，生擒吕布。所以，经过演义的故事，与原本的真相差异挺大。

刘备不仅败给吕布，还曾经多次被曹操打败。消灭了吕布这个共同的敌人之后，曹操和刘备有短暂的蜜月期，才出现前文所描述的青梅煮酒。既然被曹操认定为英雄，而且是和曹操并肩当世仅有的英雄，刘备知道危险越来越近，赶紧找机会脚下抹油，带着关羽、张飞开跑。

到了徐州，杀刺史车胄，让关羽守下邳，自己据小沛。曹操就派手下将军刘岱、王忠讨伐刘备，可根本不是刘备的对手。曹操亲征，刘备听说曹操亲自来了，只有逃跑的份，这下子，"曹公尽收其众，虏先主妻子，并禽关羽以归"。刘备这一次不仅是丢了兵将，还丢了兄弟，丢了老婆和孩子，可见做刘备的亲人也不容易，随时都有被俘虏的危险与可能。

庆幸这一次结局是，曹操爱惜关羽，《三国演义》中，关二爷挂印封金，过五关，斩六将，千里走单骑，把嫂子们又带回刘备身边。

四

刘备只好到青州投奔袁绍，袁绍父子待他为上宾。曹操这个时候派遣蔡阳出击，不想竟然被刘备击杀。等到曹操在官渡大破袁绍之后，刘备已经跑到荆州投奔了刘表。刘表也很热情，"表自郊迎，以上宾礼待之，益其兵，使屯新野"。

刘表还让他抵御夏侯惇、于禁等，于是，博望坡一战，刘备设伏兵，用火攻疑兵，破夏侯惇。从战斗力上总结，刘备对付曹操手下将军多是胜算，一旦曹操出现，刘备则基本失灵。

曹操平定北方乌丸之后，南征刘表，刘琮投降，刘备又一次失去了落脚的地盘，只能再次开跑。这一次便是《三国演义》中刻意描绘的"刘玄德携民渡江 赵子龙单骑救主"，赵子龙单枪匹马，在长坂坡曹营百万军中杀了个七进七出。

"这一场杀，赵云怀抱后主，直透重围，砍倒大旗两面，夺槊三条；前后枪刺剑砍，杀死曹营名将五十余员。"直杀得气贯长虹，林木萧萧，战马嘶鸣，从此三国的疆场上便有了"常山赵子龙"的威名。

接下来，便是张飞的主演，"张益德大闹长坂桥 刘豫州败走汉津口"。张飞使出了他的招牌吼声："我乃燕人张益德也！谁敢与我决一死战？"罗贯中极尽夸张："声如巨雷。曹军闻之，尽皆股栗。"张飞怒目第二次大喝："燕人张益德在此！谁敢来决死战？"曹操生了退心，曹操后军阵脚移动，张飞挺丈八蛇矛枪第三喝："战又不战，退又不退，却是何故？""喊声未绝，曹操身边夏侯杰，惊得肝胆碎裂，倒撞于马下。操便回马而走。于是诸军众将一齐望西逃走。"

横枪立马的张大将军，长坂桥头的三声喝，犹如武侠小说中"少林七十二绝技"之一的"狮子吼"，令敌人肝胆俱裂，心惊胆战，"一声好似轰雷震，独退曹家百万兵"。

创作归创作，事实上呢？

《三国志·蜀书·先主传》记载："闻先主已过，曹公将精骑五千急追之，一日一夜行三百余里，及于当阳之长坂。先主弃妻子，与诸葛亮、张飞、赵云等数十骑走，曹公大获其众人辎重。"

张飞也的确不愧为一代名将，带领二十骑断后，《三国志·蜀书·张飞传》记载："飞据水断桥，瞋目横矛，曰：'身是张益德也，可来共决死！'敌皆无敢近者，故遂得免。"那一刻的张飞，也是决死一战，不怕死的将军，才所向无敌，留名青史。

曹操这一次亲自率军奔袭，就是志在必得，绝不给刘备留任何的生路。刘备自己也是明白的，所以，老婆孩子都顾不了，走为上策。

这样一种能力和战绩，却被人们尊称为英雄，的确值得惹人深思。耐人寻味的是，不仅曹操觉得他是当世难得的英雄，周瑜也觉得刘备是个威胁："刘备以枭雄之姿，而有关羽、张飞熊虎之将，必非久屈为人用者。"他觉得如果把刘备和关羽、张飞放在疆场上，唯恐将来有一天，蛟龙得云雨，终非池中物也。

曹操的得力谋臣程昱也觉得刘备是个人物，他还建议曹操早点除掉刘备："观刘备有雄才而甚得众心，终不为人下，不如早图之。"

五

为什么会出现这种看似矛盾的现象呢？

英雄者，卓异突出，与众不同，果敢大气，无法企及。

而刘备就是这样一个人，一个有梦想、不安分的人，一个敢牺牲、能救人的人，一个心胸开阔、包容众人的人。这样的人，世间少有，常人做不到，他能做到，所以，往往是人们倾慕归心的所在。

其一，说刘备的梦想。他是一个有极强领袖欲的人，并且知道在合适的时候举起旗帜。

自古英雄出身不怕太单薄，刘备少孤，与母亲相依为命，卖草鞋织席为生。屋后东南角篱笆旁边长了一棵硕大的桑树，高五丈有余，远远望见，浓绿的树冠如同车盖，来来往往的行人，都惊奇这棵桑树的形状与气势，觉得非同寻常，有的人就认为树下这户人家当出贵人。

刘备小时候就与同族的小伙伴们在这棵桑树下玩耍，他会坐在树下，指挥众小孩，好好听命，对大家说："吾必当乘此羽葆盖车（皇帝专用）。"这就相当于现在的美国小孩有一个总统梦一样，胸有大志。刘备的叔父刘子敬警告他不要乱说，"汝勿妄语，灭吾门也"。

自小，刘备就具备闯江湖当大哥的气质，"少言语，善下人，喜怒不形于色。好结交豪侠，年少争附之"。后来逐渐与关、张两人形成团队，当然关羽和张飞以他为核心，"先主与二人寝则同床，恩若兄弟。而稠人广坐，侍立终日，随先主周旋，不避艰险"。

刘备就是具有这样独特的人格魅力，甚得人心。

在平原相的位置上，"郡民刘平素轻先主，耻为之下，使客刺之"。刺客到了刘备住处，刘备不知是刺客，待之甚厚，刺客不忍，便告诉了相关情况，然后离开。当时，发生饥荒，强盗群起，刘备外御寇难，内丰财施，士之下者，必与同席而坐，同簋而食，无所简择，众多归焉。

赵云赵子龙，常山真定人，本属公孙瓒，后来被派遣跟随刘备为田楷拒袁绍，赵云算是负责刘备的骑兵，有过短暂的共事时间。后来，赵云的哥哥去世，赵云奔丧辞别公孙瓒，刘备与赵云捉手而别，赵云说："终不背德也。"回来，便以刘备左将军的名义召集部众。平时，刘备多次战败，兵众散落，只要等一段时间，"所失亡士卒稍稍来集"。

刘备在荆州依附刘表的日子里，虽然不得大用，但也结交了众多的朋友，"荆州豪杰归先主者日益多，表疑其心，阴御之"。曹军南下荆州，刘琮投降的时候，"琮左右及荆州人多归先主。比至当阳，众十余万"。在追随者的心目中，刘备有一种感召力，让他们能够倾心相随，不离不弃。

六

等到刘备三顾茅庐请诸葛亮出山的时候，他谈道："汉室倾颓，奸臣窃命，主上蒙尘。孤不度德量力，欲信大义于天下，而智术短浅，遂用猖獗，至于今日。然志犹未已，君谓计将安出？"

这一段话，浓缩为一句话：先生，我们有汉家一片江山需要收拾，请你出山。

诸葛亮懂他的心思，在分析了曹操和孙权的实力形势之后，认为"若跨有荆、益，保其岩阻，西和诸戎，南抚夷越，外结好孙权，内修政理；天下有变，则命一上将将荆州之军以向宛、洛，将军身率益州之众出于秦川"，"诚如是，霸业可成，汉室可兴矣"。其中"霸业可成"便是刘备的梦想，"汉室可兴"则是刘备的旗帜。

君臣二人历尽艰辛，重把业创，借荆州，取益州，斩夏侯，占汉中，蜀汉的基业算是初具雏形。传闻曹丕杀了汉献帝，刘备率领诸臣发丧制服，而后，太傅许靖、安汉将军糜竺、军师将军诸葛亮等人上书"曹丕篡弑，湮灭汉室，窃据神器，劫迫忠良，酷烈无道。人鬼忿毒，咸思刘氏"。

众大臣共推刘备建立政权，继承高祖刘邦遗业，称帝。于是刘备终于把高举的旗帜变成了霸业，"天命不可以不答，祖业不可以久替，四海不可以无主"。舍我其谁，"率土式望，在备一人"。

刘备去世之后，诸葛亮执政，他依然高举刘备的旗帜北伐，在《前出师表》中写道："今南方已定，兵甲已足，当奖率三军，北定中原，庶竭驽钝，攘除奸凶，兴复汉室，还于旧都。此臣所以报先帝，而忠陛下之职分也。"

刘备为这个梦想，为这面旗帜，屡战屡败，屡败屡战，不屈不挠，只要有一口气在，就会不断地聚合英雄，东山再起，就如同陈寿点评他是"然折而不挠，终不为下者"。

而诸葛亮为了这面旗帜，连年动众，屡次北伐，鞠躬尽瘁，死而后已，后人感叹"出师未捷身先死，长使英雄泪满襟"。

七

其二，刘备是一个敢牺牲，能救人的人。

在军阀混战中，相互之间为了利益，若是有人求救，多是袖手旁观。比如吕布被曹操围城下邳，求救于袁术，"术乃严兵为布作声援"，袁术眼睁睁地看着吕布被剿灭；还有曹操与袁绍对阵官渡，袁绍就派遣人求助于刘表，刘表答应了却不派兵，同时也不帮助曹操，坐观袁绍战败；孙权攻打李术于皖城，城内粮食已尽，李术求救于曹操，曹操不救，遂城破身死。

袁术不救吕布、刘表不救袁绍，是因为恐惧，同时也是因为犹豫，而曹操不救李术则是因为利益。

刘备刘玄德不是这样的人，急公好义，敢于出头，即便是自己的家底薄弱，也敢拿出来搏一搏，有一种为朋友两肋插刀的侠义作风。

孔融任北海相的时候，被黄巾军管亥包围在都昌。太史慈找个机会进入城中，与孔融共御敌。孔融就想找人告急于平原相刘备，太史慈自告奋勇骑马出城突围而去。

到了平原，《三国志·吴书·太史慈传》中记载，太史慈对刘备说："慈，东莱之鄙人也，与孔北海亲非骨肉，比非乡党，特以名志相好，有分灾共患之义。今管亥暴乱，北海被围，孤穷无援，危在旦夕。以君有仁义之名，能救人之急，故北海区区，延颈恃仰，使慈冒白刃，突重围，从万死之中自托于君，惟君所以存之。"

听此言，刘备很是肃穆庄重地说："孔北海知世间有刘备邪！"立即点齐三千精兵跟随太史慈进发解围。要知道刘备当时的家底并不丰厚，估计也就是这三千精兵，都倾巢而出了。解人之围，救人之命，刘备丝毫没有犹豫，不计成本。

曹操征伐徐州，徐州牧陶谦派人求救于田楷，田楷当时与刘备一起屯兵，两个人共同发兵相救。"时先主自有兵千余人及幽州乌丸杂胡骑，又略得饥民数千人。"这个时候的刘备依然是兵力单薄，但是，为了救陶谦，即便敌人是曹操，他也一样提兵奔赴，毫不畏惧。

记得罗家伦曾经说过："侠，是伟大同情心。"每一次读刘备传记的时候，总是觉得他身上有一股侠气。

八

其三，刘备是一个心胸开阔，包容众人的人。

在这一点上，曹操、孙权都还算具备，但刘备尤为突出，表现在很少杀人。所以，陈寿认为："先主之弘毅宽厚，知人待士，盖有高祖之风，英雄之器焉。"

曹操曾经杀孔融、杨修、华佗、崔琰、毛玠等人，孙权也没少杀臣下，甚至有时候气大了，能够对着张昭、虞翻等名臣拔出刀剑。

刘备则不然，从出道，任安喜尉，就碰到一个小鬼，趾高气扬官气十足的督邮。这种人不少，据滥竽充数之职，行狐假虎威之事。刘备求见，督邮称疾不见，刘备回来带了几个吏卒把督邮从床上绑了，捆在树上，鞭打百余下，本来想杀了这个可恶之人。督邮哀求，刘备还是饶了他的命。

在荆州的时候，据《汉魏春秋》中记载，刘琮投降曹操，不敢告诉刘备。刘备派人问刘琮的时候，刘琮才命令宋忠通知刘备。这个时候，曹操兵马已经迫近，刘备大惊骇，对宋忠说："卿诸人作事如此，不早相语，今祸至方告我，不亦太剧乎！"抽出刀对着宋忠说："今断卿头，不足以解忿，亦耻大丈夫临别复杀卿辈！"就放走了宋忠。

斩了刘璋的名将杨怀、高沛之后，刘备率领大军向成都进发，一路攻关拔寨，很是顺利。到了涪县，刘备便摆了宴席，在大帐中奏乐置酒，欢庆一下。

《三国志·蜀书·庞统传》中记载，刘备兴奋地对庞统说："今日之会，可谓乐矣。"庞统本是想提醒他这样做法不合适，说话就比较直接："伐人之国而以为欢，非仁者之兵也。"

刘备这个时候已经喝醉，很是生气："武王伐纣，前歌后舞，非仁者邪？卿言不当，宜速起出！"也就是说让庞统出去。庞统拍拍屁股，也就出去了。过了一会，刘备意识到自己的不合适，赶紧派人请回庞统。庞统回来之后，坐到原来位置上，该吃吃该喝喝，也没有要致歉的意思。

刘备主动问："向者之论，阿谁为失？"庞统回答："君臣俱失。"刘备大笑，宴乐如初。庞统这么扫兴，还驳了主公的面子，如果换做曹操，或者孙权，或者袁绍，有可能庞统就没命了。

九

刘备对人以宽，最明显的是体现在对待黄权的家人上。刘备征伐东吴，黄权建议，东吴水军凶悍，若是攻打，进易退难，不如让自己率先锋先尝试，刘备宜为后镇，可进退自如，降低风险。刘备没有采纳，反而让黄权任镇北将军，督江北军防御曹魏。

陆逊火烧连营，刘备败退，黄权部众后退之路被隔断，由于蜀汉和东吴是交战国，黄权只能投降于曹魏。有关部门申请关押黄权的老婆孩子，然后斩首。刘备却丝毫不像汉武帝对待李陵那样的无情无理，他说："孤负黄权，权不负孤也。"对待黄权的家人和原来一样。裴松之点评刘备的做法，可以说是大加赞赏："臣松之以为汉武用虚罔之言，灭李陵之家，刘主拒宪司所执，宥黄权之室，二主得失县邈远矣。诗云'乐只君子，保艾尔后'，其刘主之谓也。"

不仅对待自己的臣下宽仁，对待对手，刘备还是有一点人情味的。《魏书》中记载，刘备听说曹操去世，两个人老对手，算是一辈子争斗，突然间没有这个人物了，陡然不觉得欢悦，而是一种寂寞的悲伤，一种时光无情的悲伤，甚至觉得，自己早晚也会随风而去，多多少少会庆幸有这位对手的存在。

心中突然间的情绪，促使他派遣谋掾韩冉携带自己的书信凭吊，表示哀悼，还赠给曹丕一些礼物。曹丕当政，不曾经历过曹操与刘备之间的那种江湖险恶与惺惺相惜，对刘备这种做法很是厌恶，这叫"因丧求好"，"敕荆州刺史斩冉，绝使命"。相比刘备，曹丕是有点小气了。

十

很多《三国演义》的读者，都熟悉一句话——"刘备的江山是哭出来的"，以此来形容刘备喜欢哭鼻子。

一个喜欢哭的英雄，似乎总让人那么不舒服，似乎有违传统价值观中的"男儿有泪不轻弹"。何况，很多人并不喜欢一个爱哭的刘备刘皇叔。

四川学者方北辰、谭良啸主编的《三国故事真与假100例》一书中，专门探讨了"刘备爱哭的真与假"的话题："在《三国演义》中，刘备曾经因十九件事情而哭泣数十次，种类包括饮泣、垂泪、痛哭、放声大哭、号哭至昏厥。比如，三顾茅庐时因诸葛亮不愿出山而哭，因刘表托孤和病死而数次痛哭，逃离荆州时看到百姓受难也哭，因关羽死亡而哀哭至昏厥。哭泣的原因也多，有表示对汉室忠心的哭，有显示对民众仁爱的哭，等等。"

《三国志》中记载刘备的哭也不少。经过刘表的墓，想起毕竟是老友，他涕泣而去；庞统攻雒城，为流矢所中，"先主痛惜，言则流涕"；法正去世，刘备"为之流涕者累日"。不过，这些都是刘备的真情流露，可不是什么软弱的表现。

刘备的真情流露，很是自然坦诚，是江湖乱世中一种难得的温暖与感人。比如，他对待霍峻。霍峻霍仲邈，本是荆州牧刘表的老部下，刘表死后，他带领部众归属刘备，刘备任命他为中郎将。

刘备袭击刘璋，就把葭萌城交给了霍峻留守。当时，刘备的地盘并不多，能够交给霍峻，可见对他的信任。张鲁趁此机会就派遣将军杨帛引诱霍峻，要求一起守葭萌城，其实是想夺取城池。

霍峻大义凛然地说："小人头可得，城不可得。"杨帛无望，引兵而去。

而刘璋手下的将军扶禁、向存竟然率领一万多人由阆水围攻葭萌城。葭萌城此时是刘备在蜀中唯一的根据地，霍峻将士死守城池，长达一年时间，扶禁等人未有破城。

更令人吃惊的是，霍峻在城中仅有兵士数百人，等到扶禁攻城懈怠疲乏之际，竟然选拔精锐伺机主动出击，大破蜀军，还把将军向存给斩杀了。以数百人对阵一万多人，还能主动出击，取敌人将领性命，一方面能看出刘璋部将战斗力之弱，另一方面也能看出霍峻之凶悍。

刘备在平蜀之后，以霍峻为梓潼太守、裨将军，与张飞一起扼守蜀中的北方门户。霍峻在任三年去世，年四十岁，还葬成都。《三国志·蜀书·霍峻传》中记载，刘备听说这个消息，"甚悼惜"，少不了洒落英雄泪，并对诸葛亮说："峻既佳士，加有功于国，欲行酹。"意思是，霍峻这样的俊才，还对国家有功勋，我想去凭吊他。于是，刘备就率领群僚前往吊祭，并在霍峻墓旁留宿了一个晚上，当时的人们既为霍峻感到荣耀，也为刘备的至诚感到温情。

由此，不难理解刘备的泪，是热滚滚的泪。

何况，在三国的历史中，曹操和孙权与刘备一样爱哭。曹操想起郭嘉来号啕大哭，甚至读书读到乐毅和蒙恬二人也会感动得哭："孤每读此二人书，未尝不怆然流涕也。"孙权经过吕范的墓，会喊"子衡"，看到吕范的字，"言及流涕"。孙权和周泰等人一起喝酒，看到周泰身上的伤痕，"权把其臂，因流涕交连"。甚至诸葛亮上表的时候也会哭，"今当远离，临表涕零，不知所言"。夏侯惇被劫持的时候，部将韩浩为出击持质者会对着夏侯惇涕泣；徐盛看到主公孙权不得不结盟曹魏使者邢贞，愤怒地"涕泣横流"。

难道三国中英雄都是爱哭的人物么？这个疑问恰恰要看当时的社会风气。哭是人们的一种情感流露与情感宣泄，无情未必真豪杰，在那个时代，英雄们性情坦荡、汪洋恣肆。

历史学者彭石在《游侠与汉代社会》一书中，也探讨了这一话题，并以"男儿有泪也轻弹"为题，分析"在汉代，不独女性，男子也不以哭泣为羞耻"。项羽会哭，刘邦会哭，韩安国会哭，刘武会哭，贾谊会哭，李陵会哭，李广自杀、将士垂泪，赵广汉下狱、百姓痛哭，等等。这些刚勇与正直的表达与豪爽，是人们慷慨流涕的外在涌动。"这些今天读来还令人为之怦然的画面在汉代的反复出现，无疑是汉代人气质与灵魂中值得咀嚼的重要内容"。

如此看来，三国中的英雄，本是东汉末年的群雄，大时代的风气使然，我们便能读懂刘备的泪、曹操的哭、孙权的涕，后来者更是对哭有了价值层面的推理：读《出师表》而不泣下者，必非忠；读《陈情表》而不泣下者，必非孝。

故而，刘备的哭，是英雄的泪。

十一

当曹操与袁绍两强对峙之时，曹操打算东征刘备，诸将都认为应该对付袁绍，"与公争天下者，袁绍也"。曹操却说："夫刘备，人杰也，今不击，必为后患。袁绍虽有大志，而见事迟，必不动也。"孙盛在《魏氏春秋》中也记载，曹操答诸将："刘备，人杰也，将生忧寡人。"

曹操可谓知晓对手，刘备的坚韧与执着，至今都在蜀汉的英雄气中。那种从无到有的业绩、毫不气馁的折腾、从不懈怠的年龄，后人的确能汲取一份难得的力量，充盈于天地的英雄气，凛然大义，从未断绝。

何足称为高士乎

——三国中的文人高士

年少时候读《三国演义》，印象极深的是对武将的描述，如第五十九回"许褚裸衣斗马超　曹操抹书间韩遂"中，马超对阵曹操，以庞德为左翼，以马岱为右翼，韩遂押住中军。马超挺枪而出，叫阵许褚"虎痴快出"。

曹操对手下诸将说："马超不减吕布之勇！"话未完，本阵许褚已经拍马舞刀而出。

马超与许褚战在一处，斗了一百多回合，胜负不分，竟然把马都跑累了，于是，各自回本军，换了马匹，又来交战。"又斗一百余合，不分胜负。许褚性起，飞回阵中，卸了盔甲，浑身筋突，赤体提刀，翻身上马，来与马超决战。两军大骇。两个又斗到三十余合，褚奋威举刀便砍马超。超闪过，一枪望褚心窝刺来。褚弃刀将枪挟住，两个在马上夺枪。许褚力大，一声响，拗断枪杆，各拿半节在马上乱打。"

马上的将军，最后打成肉搏战，若是经说评书的老先生讲出来，两将换马，各阵擂鼓助威，那更叫一个过瘾。

还有第六十五回"马超大战葭萌关 刘备自领益州牧"中，刘备在葭萌关上看见马超马孟起，门旗影里，马超纵骑持枪而出，狮盔兽带，银甲白袍，一来结束非凡，二者人才出众。玄德叹曰："人言：'锦马超'，名不虚传！"

这一身装束和气派，再加上马超夜战张飞，两军阵前，点燃火把，亮如白昼，两员虎将纵马挺枪，你来我往，煞是好看。

武将马超，便在三国英雄中，树立了一个威风凛凛、骁勇善战的形象，就连平生高傲的关羽关云长，听说马超来降，竟然专门写信给诸葛亮，"问超人才可谁比类"。打交道这么多年，诸葛亮已经摸透了美髯公的脾气，就回信说："孟起兼资文武，雄烈过人，一世之杰，黥、彭之徒，当与益德并驱争先，犹未及髯之绝伦逸群也。""羽美须髯，故亮谓之髯。羽省书大悦，以示宾客。"

可见武将在整个三国中的角色与分量，整部《三国演义》丝毫不吝啬对武将打斗的笔墨，如"太史慈酣斗小霸王""汉寿侯五关斩六将""赵子龙单骑救主""曹仁大战东吴兵""张辽威震逍遥津""甘宁百骑劫曹营""丁奉雪中奋短兵"，等等，一幕幕都惊心动魄、精彩纷呈。

三国杀伐，风烟滚滚，正如关汉卿在元杂剧《关大王独赴单刀会》中写关云长的唱词："大江东去浪千叠，引着这数十人，驾着这小舟一叶。又不比九重龙凤阙，可正是千丈虎狼穴，大丈夫心别。我觑这单刀会似赛村社。……破曹的樯橹一时绝，鏖兵的江水犹然热，好教我情惨切！这也不是江水，二十年流不尽的英雄血！"读三国，读三国的武将，有一股子血脉偾张的血性在！

一

然而，三国是文争武斗的三国，也是攻伐谋断的三国，有赵云赵子龙、张辽张文远、甘宁甘兴霸的彪悍，也有文人高士的儒雅与气节。比如，蜀汉的刘巴刘子初、曹魏的辛毗辛佐治等，他们是另外一种精彩，一种不随波逐流的矜持，一种自我审视的固守，一种高山绝响的奥妙。

蜀汉中便有简雍和伊籍这样的颇具脾气的士子。简雍字宪和，从小就和刘备在一起，如同刘邦与夏侯婴、樊哙一帮故乡兄弟一样的关系，一直以来都是刘备的死党，不避生死，始终追随。

刘备到荆州，主军政及外联业务，基本上是依靠简雍、糜竺、孙乾这些老班底的骨干运作往来，结交各方势力，整合各种资源。等到刘备进入益州，刘璋见了简雍，觉得此人优雅文采，甚是欣赏，产生了极大的好感。

要说刘备会用人，的确是各尽其能，用人之长。因刘璋对简雍的好感，就派遣简雍在围成都之际，作为使者进入成都，劝说刘璋投降。刘璋看大势已去，本无斗志，估计也是得到了刘备和简雍的保证，绝不影响他生活的标准，刘璋才与简雍乘坐同一辆车出城，向刘备投降。或许派旁人去，刘璋还真不会那么顺利地放弃抵抗。简雍立此功勋，刘备拜他为昭德将军。

简雍平时优雅从容，但性格上却是随性自我，不与俗同，有孤傲之清高，不喜世俗约束，即便是与刘备同坐，坐姿也是歪七八扭，能依就依，能靠就靠，一点也不庄重，怎么舒服怎么来，绝对不会委屈自己，"箕踞倾倚，威仪不肃，自纵适"。当然，刘备对他很是了解，也就无所谓。不过诸葛亮对官员要求比较严，简雍也是会给他面子的。但是，诸葛亮以下的官员和他谈话的时候，他就不在乎了，自己独自卧一榻，斜躺着，还枕着枕头，没有哪一位能让他屈己表示恭敬之态。

时逢蜀中遭遇大旱，粮食歉收，朝廷便颁布禁酒令，凡是私自酿酒的人是要被判刑惩罚的。往往是上面有了政策，执行者就会觉得自己手中权力大增，执行的过程中，往往是变本加厉。在执行禁酒令过程中，有的官吏在一户人家找到了酿酒的工具，按照逻辑推理，论罪的人认为拥有酿酒工具的人就应该与酿酒者同罪。

一日，简雍和刘备在街上游观，也算是深入群众、体察民情。前面正好有一对男女在一起走路，简雍就对刘备说："彼人欲行淫，何以不缚？"

刘备被这突然间的论断问住了，就对简雍说："卿何以知之？"

简雍回答说："彼有其具，与欲酿者同。"意思是他们身上长了作案的工具啊，和那些有酿酒工具想酿酒的人没什么差别。

刘备一听，这么荒唐的逻辑，原来藏了一个道理，在这个地方等他呢，哈哈大笑，便宽恕了家中有酿酒工具的人。此事，可见简雍的智慧与滑稽。

二

不仅简雍对待刘备如此，就算是碰上了东吴的孙权，蜀汉的高士也一点不折节相让。比如，伊籍伊机伯，少小的时候跟着同县老乡刘表混，由于镇南将军刘表不是那种创造梦想的人物，令追随者大失所望，心灰意冷。

看不到事业兴盛的荆州是没有未来的荆州，刘备的梦想可以说是众人的梦想，颇有英雄气概的刘备到来，给了士子们新的希望与未来。刘备一到荆州，伊籍就主动拜见，常来探访，表达出共托大事之意。刘表去世，伊籍追随刘备南渡江，入益州。刘备便以伊籍为左将军从事中郎，待遇仅次于简雍、孙乾。

一次，伊籍出使东吴，孙权是一个很有趣的人，听说伊籍博学多闻，辩才机敏，就打算用言语来较量一番。《三国志·蜀书·伊籍传》中记载，伊籍到宫中朝拜，孙权问："劳事无道之君乎？"意思是你侍候无道之君很是辛苦啊，拐弯抹角把刘备讽刺一下。

伊籍马上回应的是："一拜一起，未足为劳。"意思是只是对你一拜一起，算不上什么劳累啊，话锋一转把讽刺送给了孙权。如此的机捷，如此的风范，令孙权很是敬重欣赏。不仅在外交上显要，伊籍作为专业人士，与诸葛亮、法正、刘巴、李严共造《蜀科》。《蜀科》

是蜀汉的法典，这五个人就是蜀汉立法委员会的核心。

三

不过，要说高冷，性格独特，蜀汉的刘巴刘子初才是三国中典型的文人代表。他有他自己独特的想法，有自己的价值观，还有不一般的脾气和性格。

少小就知名当世，荆州牧刘表好几次都想征辟他，包括举荐他为茂才，刘巴就是不接招，对刘表的好意不感兴趣。

刘表死后，曹操征伐荆州，刘琮降，刘备奔逃江南，"荆、楚群士从之如云，而巴北诣曹公"。大家都跟着刘备跑，刘巴偏偏逆行北上投奔曹操。"曹公辟为掾，使招纳长沙、零陵、桂阳"。曹操给了他职务，还给他明确分派了活儿，就是前往招纳这三郡。

不巧的是，刘备占了先机，刘巴没有完成使命，回不了北方。不过，刘巴却还是不愿意为了刘备留下来，竟然远走交趾，想绕道回京师。

《零陵先贤传》中记载，刘巴还给诸葛亮写了一封信，大意是我不畏艰难险阻，本想是顺应天意与民心，让荆州地界都归顺曹丞相，实现国家一统。不料众人要么是考虑私利，要么就是看重情义，这已经不是我的智慧所能规劝的。"若道穷数尽，将托命于沧海，不复顾荆州矣。"

诸葛亮当时还给他写信劝说挽留："刘公雄才盖世，据有荆土，莫不归德，天人去就，已可知矣。足下欲何之？"这句话说的也是实在，刘备都占据了荆州，众心所归。

刘巴仍是坚持自己的使命，"受命而来，不成当还，此其宜也。足下何言邪"！接受曹公的任务而来，没有完成就回去，天经地义啊，你何必过问？

刘备听说同姓的刘巴终究不向自己靠拢，很是郁闷窝火，"先主深以为恨"。

刘巴到了交趾郡，还更姓为张，关键是他与交趾太守士燮又意见多有不合，于是，就经过牂牁道离开，在益州郡又被拘留，益州郡的太守想杀了他，得亏太守主簿说："此非常之人，不可杀也。"从刘巴的线路上，可以看出也的确非同常人，从湖南到两广，再经过贵州，到四川，一路翻山越岭，万水千山，一心北上。这位有眼光的主簿亲自护送刘巴，见到益州牧刘璋。

而刘璋的父亲刘焉是当年刘巴的父亲刘祥所举荐的孝廉，关系算是有交集了，刘璋见到刘巴高兴得不得了，加上才名显赫，所以州中大事每每造访咨询。比如，刘璋派法正去迎接刘备这件事，刘巴就是坚决不同意的。他对刘璋说："备，雄人也，入必为害，不可内也。"等到刘备已经进入了益州，众人又商议让刘备去讨伐张鲁。刘巴就说："若使备讨张鲁，是放虎于山林也。"

以刘璋的智商和情商，他不会采纳刘巴的建议，刘巴只好闭门称疾。这些消息也会传到刘备耳朵里，听说刘巴在成都，刘备下令军中："其有害巴者，诛及三族。"刘璋降，刘备得成都，刘巴也在，转了一圈，还是没有躲避掉刘备，这或许也是缘分，刘备开心欢喜，而刘巴却郁闷透顶。

刘巴这才是躲都躲不及，没有办法，只能"辞谢罪负"，刘备也表达了足够的大度。何况在名士中，蜀中的许靖、刘巴都是名气大得很，诸葛亮也多次推荐，刘备辟刘巴为左将军西曹掾。

四

建安二十四年（219）的时候，刘备任汉中王，以刘巴为尚书，继而又代法正为尚书令。在任上"躬履清简，不治产业，又自以归附非素，惧见猜嫌，恭默守静，退无私交，非公事不言"。可见刘巴做事的谨慎与低调，廉洁简朴，不置产业，由于不是刘备的老班底，平时也不做太多的社交，不是公事不发言论。

可是，刘巴名气太大了，荆州的刘先就想让自己的外甥周不疑，一位以聪慧闻名当世的神童，拜刘巴为师，刘巴当时就婉拒了刘先。要知道，周不疑后来与曹冲交好，曹冲死后，曹操担心曹丕等人控制不了周不疑，认为"此人非汝所能驾御也"，竟然派杀手刺杀了这位年少才俊，时年十七岁。

刘备称帝的时候，"凡诸文诰策命，皆巴所作也"。前文提到的《蜀科》，刘巴也是其中五位关键起草者之一。在刘巴死后，曹魏的尚书仆射陈群还在给诸葛亮的信中问及刘巴的消息，"称曰刘君子初，甚敬重焉"。

《零陵先贤传》中还讲述了一则趣闻，话说张飞这位万人敌的猛将也很有意思，他很是喜欢结交士大夫。这一点与关羽大不相同，"羽善待卒伍而骄于士大夫，飞敬爱君子而不恤小人"。

三国时代，很多武将开阔好学，都颇有张飞之风。曹魏的张郃张儁义，是刘备与诸葛亮都忌惮的名将，《三国志·魏书·张郃传》中记载，"郃虽武将而爱乐儒士，尝荐同乡卑湛经明行修"，曹丕还专门为他推荐的人下诏："今将军外勒戎旅，内存国朝。朕嘉将军之意，今擢湛为博士。"

张飞就非常敬慕刘巴的才学与名气，主动到刘巴住的地方拜访，没想到刘巴就是看不上他，"巴不与语，飞遂忿恚"。诸葛亮劝说刘巴："飞虽实武人，敬慕足下。主公今方收拾文武，以定大事；足下虽天素高亮，宜少降意也。"

刘巴的回答超级干脆，说："大丈夫处世，当交四海英雄，如何与兵子共语乎？"在刘巴的眼中，张飞就不算个英雄，也就是一个大兵而已，怎么可能和他说话降低自己身份呢？

刘备听说此事之后，很是生气，何况刘备本就有脾气，说道："孤欲定天下，而子初专乱之。其欲还北，假道于此，岂欲成孤事邪？"刘备觉得刘巴心思就不在这儿，却专门添乱，一心想回北方，倒是应了《三国演义》中说徐庶的话"身在曹营，心在汉"，刘巴却是"身在汉营，心在曹"。

五

发脾气归发脾气，刘备到底也是一代枭雄，分得出轻重来，不能因为刘巴不愿意和张飞打交道，就收拾刘巴。张飞有张飞的分量，刘巴有刘巴的价值。刘备就把话又拉回来说："子初才智绝人，如孤，可任用之，非孤者难独任也。"刘备这是故作大度，说刘巴是才智非同寻常，也就只有我才能重用你，在称赞别人的同时称赞自己，估计是刘备惯用的手法了。

要知道，最初刘备没有经营大片根据地的经验，在攻打刘璋的时候，豪气地对手下将士许诺："若事定，府库百物，孤无预焉。"这简直就是江湖的做法，打下城来，各位尽管去取府库的金银财宝。所以刘备有时候行军打仗，确是不如曹操的规范与严谨，这也是他事业前期无法做大的原因之一。既然话说出来了，那便"及拔成都，士众皆舍干戈，赴诸藏竞取宝物"。这简直就是开抢啊，所以本土人士对刘备的印象并不好。

《三国志·魏书·刘晔传》中记载，刘晔曾经建议曹操借征伐张鲁之势，顺便讨伐蜀中，理由是刘备在蜀中根基未稳，"今举汉中，蜀人望风，破胆失守，推此而前，蜀可传檄而定。刘备，人杰也，有度而迟，得蜀日浅，蜀人未恃也。今破汉中，蜀人震恐，其势自倾。以公之神明，因其倾而压之，无不克也"。当时，投降曹魏的蜀人说："蜀中一日数十惊，备虽斩之而不能安也。"

针对刘备的这种做法，如果庞统活着，庞统肯定是不赞成不支持的。当时，还有人建议把成都的屋舍还有城外的良园桑田分赐诸将。赵云听了，暗叫荒唐，立即就站出来驳斥："霍去病以匈奴未灭，无用家为，今国贼非但匈奴，未可求安也。须天下都定，各反桑梓，归耕本土，乃其宜耳。益州人民，初罹兵革，田宅皆可归

何足称为高士平——三国中的文人高士

169

还，令安居复业，然后可役调，得其欢心。"刘备觉得有道理，就按照赵云的建议执行。

不过，开城抢府库的做法，立即就带来了负面的效果。战争从来都不是单独的战争，牵动的是经济社会文化整个系统。府库被抢，很快出现了"军用不足"的情况，刘备这个时候开始担忧了，治理一个国家哪有那么的随性与容易。

刘巴的才华不仅仅是文书稿件，之所以有那么大的高名，必然是有治国安邦之才，连诸葛亮都曾经对人说："运筹策于帷幄之中，吾不如子初远矣！"刘备这个时候只好找刘巴帮忙。

刘巴说，这个不是事儿啊，简单，"易耳，但当铸直百钱，平诸物贾，令吏为官市"。刘巴用重新铸钱的方法，实现了金融的转换与市场的稳定，并以官市，保证了市场秩序与宏观调控。

高士之才，非常人能够估量。

六

刘巴看不上张飞的事情，基本上成了新闻，在魏蜀吴之间传开了。辅吴将军张昭属于与武将关系处得比较好的那种文人，他都觉得刘巴有点过了。平时在与孙权聊天的过程中谈及刘巴，就会说刘巴心胸狭隘，不够开阔兼容，不应该拒绝张飞的交往之意。

孙权听了之后说："若令子初随世沈浮，容悦玄德，交非其人，何足称为高士乎？"若是让刘巴为了取悦于刘备，而和张飞交朋友，那刘巴还能被称为当世的高士么？

高士不是随波逐流，不是唯唯诺诺，否则，就不是高士，是犬儒。

辛毗辛佐治，颍川阳翟人，和曹操最依赖的谋臣郭嘉是同乡。这个地方如曹操所说，多出奇士，比如荀彧、荀攸、钟繇等。当然，这些人早年的时候，有的和袁绍打过交道，不过这些人大都看不上袁绍的"多端寡要，好谋无决"，认为他心胸狭隘，嫉贤妒能。

辛毗原来跟随兄长辛评在袁绍手下任职，后袁尚与袁谭兄弟相杀，辛毗代表袁谭拜见曹操求和，以攻袁尚。袁氏兄弟一一灭亡，辛毗也加入了曹操阵营，等到曹丕当政的时候，辛毗也算是老臣。

曹丕打算迁徙冀州士家十万户到河南，魏晋时代由于战争原因，为了加强对士兵的控制，把他们的家属也另行集中编户，统称"士家"。《三国志·魏书·辛毗传》记载："时连蝗民饥，群司以为不可，而帝（曹丕）意甚盛。"

辛毗与朝臣一起求见，曹丕也知道他们想说什么，知道他们不同意自己的决策，就脸色很难看地接见他们，大家一看这阵势都不敢说话了。

辛毗管不了那么多，该说还是要说："陛下欲徙士家，其计安出？"

曹丕心里想，这不是明知故问嘛，就反问："卿谓我徙之非邪？"意思是：你觉得我的决策不对，是吧？

一般大臣听到这种反问，基本上不敢再回话了。辛毗坦诚地回答："诚以为非也。"硬生生地回答：说实在话，陛下这项决策的确错了。

曹丕这个气啊，辛毗这是故意听不明白自己的话，直接说："吾不与卿共议也。"

曹丕不打算和自己商议了，还没有个结论，怎么能行呢，辛毗继续讲道理："陛下不以臣不肖，置之左右，厕之谋议之官，安能不与臣议邪！臣所言非私也，乃社稷之虑也，安得怒臣？"辛毗意思很明确：这又不是谈论的私事，这事关社稷安危，你怎么能对我发怒呢？

曹丕觉得没什么好谈的，这人就是一根筋，于是话也不说，起身就往内殿走。情急之下，"毗随而引其裾，帝遂奋衣不还，良久乃出"。这一对君臣在历史上留下的这一段故事，也算是趣闻了。曹丕生气转身就走，辛毗伸手就拽住他衣服的后襟，曹丕一抖衣服，把辛毗甩下，径自走入内殿。过了相当长一段时间，曹丕压了一下心头的怒火，为君者还是要冷静一下，才整装走出来。

曹丕对辛毗说："佐治，卿持我何太急邪？"意思是怎么能把我逼得这么急呢？

辛毗说："今徙，既失民心，又无以食也，故臣不敢不力争。"意思是辛毗为民心而争，可以说是为民请命啊，不得不争，为讨帝王欢欣，不顾百姓死活，辛毗做不出来。

曹丕在辛毗的坚持下，总算是思虑了一番，折中一下，迁徙其中的一半。

七

后来，曹丕喜欢打猎射野鸡，而且是带着群臣集体活动，高兴的时候就感慨："射雉乐哉！"辛毗则会在旁边接话说："于陛下甚乐，而于群下甚苦。"这句话把曹丕顶得沉默半天，不过也是大臣想说的实话。曹丕也就慢慢地少外出打猎了，尤其是不那么兴师动众。

等到魏明帝曹叡即位，中书监刘放、中书令孙资颇受宠信，一时间朝政大权在握，权力往往越是接近核心越是有威力，于是"大臣莫不交好"，辛毗偏偏不与往来，各走各的道。

辛毗的儿子辛敞建议父亲："今刘、孙用事，众皆影附，大人宜小降意，和光同尘。不然必有谤言。"这是《道德经》里的思想："挫其锐，解其纷，和其光，

何足称为高士乎——三国中的文人高士

同其尘，是谓玄同。"辛敞建议父亲不要太坚持，稍微降低一下自己的姿态，和那些有权势的人保持一种无原则的交流，才能够让自己的日子好过一些。

辛毗正色地对儿子说，主上又不是昏庸不堪，笨拙愚蠢，还是能分得出善恶贤愚的，认为"吾之立身，自有本末。就与刘、孙不平，不过令吾不作三公而已，何危害之有？焉有大丈夫欲为公而毁其高节者邪"？大不了不做三公，哪有大丈夫为了官位级别而毁坏自己高尚的品格的呢？

八

正是辛毗如此清正，如此倔强，才在曹魏一朝中引领高风亮节之气。据《魏略》记载，诸葛亮率军射杀名将张郃，消息传到曹魏，明帝痛惜，在朝堂上叹惋："蜀未平而郃死，将若之何？"司空陈群也跟着叹气："郃诚良将，国所依也。"

辛毗在旁边听了，心中虽也认为张郃战死，十分可惜，但是，既然将军一去，就不应该觉得朝中无人，给外人一个很惨弱的状态和情绪，就大声对陈群说：陈公，你怎么能那样说呢？当建安末年，天下人都认为国家不可一日无武皇帝也。等到武帝西去，文帝继位，黄初之世，天下人又说国家不可一日无文皇帝。后来，文皇帝又驾鹤西去，留下了江山社稷给陛下，而陛下龙兴。正是江山代有才人出，国内不缺张郃这样的良将啊。

陈群也觉得自己的情绪过于低落，就赶紧说："亦诚如辛毗言。"

受辛毗昂扬乐观的状态所感染，明帝笑着对陈群说："陈公可谓善变矣。"

到了诸葛亮出渭南，曹魏前线主兵的是大将军司马懿，魏明帝想让他采取守势，而司马懿多次请战。魏明帝则坚持固守，唯恐前线将士不能制，就决定选派一位威严的大臣前往，"乃以毗为大将军军师，使持节；六军皆肃，准毗节度，莫敢犯违"。

九

三国的图谱中，高士是一种风范，高士更是一种品质，这不正是"威武不能屈"的最好注解么？

从简雍的自我随性，到刘巴的特立独行，到辛毗的绝不和光同尘，有一种顶天立地的浩然正气，在书卷中，硬朗朗地吹动每一位读者的心胸，"焉有大丈夫欲为公而毁其高节者邪"？

所以，三国的英雄，不仅有拍马挥刀的武将，还有守静执中的文士，于烽火硝烟的时代，保留一份难得的风轻云淡，才是高士的坚守意义。

武侯身后的蜀国

　　建兴十二年（234），诸葛亮率军出斜谷，占据了武功五丈原，与老对手司马懿对阵于渭南。由于蜀道多山路，崎岖不便，故每次都会出现军粮供给问题。这一次，诸葛亮就分了一部分人马屯田，也就是耕田种粮，作为长久驻兵的基础。

　　正是应了后世李白的诗"蜀道之难，难于上青天"，蜀地与北方交通的线路多是跨越江河的栈道，盘旋蜿蜒于绝壁之间，至今广元市朝天区的嘉陵江明月峡段，还有一段在巍巍大山峭壁上的栈道，险要处，当地人称为"老虎嘴"。

　　诸葛亮治军严整，"科教严明，赏罚必信，无恶不惩，无善不显"，军队与渭水河畔的居民杂然相处，百姓生活秩序安然稳定，军队也没有劫掠百姓以谋私的行为。

双方对峙，诸葛亮以攻势，司马懿以守势，蜀军数次挑战，魏军就是坚守不出。在先前的战役中，司马懿是吃过与诸葛亮交战的亏，还被人们讽刺他是"公畏蜀如虎，奈天下笑何"。

这一次，司马懿既不想交战，也不想承受来自部将们请战的压力。就上表魏明帝请求出战，朝中明白司马懿的压力，派遣卫尉辛毗持节到前线，制止交战。《三国志·明帝纪》中明帝下诏给司马懿说："但坚壁拒守以挫其锋，彼进不得志，退无与战，久停则粮尽，虏略无所获，则必走矣。走而追之，以逸待劳，全胜之道也。"《汉晋春秋》中记载，前方打探消息，得知之后，姜维对诸葛亮说："辛佐治仗节而到，贼不复出矣。"

诸葛亮指了指对岸的曹魏大营，说："彼本无战情，所以固请战者，以示武于其众耳。将在军，君命有所不受，苟能制吾，岂千里而请战邪！"

相当于，明知出战对阵诸葛不利，司马懿也不想出战，后方的魏明帝、辛毗等合伙和他演了一场安慰将士的戏。

而《三国演义》第一百零三回"上方谷司马受困五丈原诸葛禳星"中描写这一段，也是基本依据历史脉络和当时情形。曹叡看到司马懿的请战书，就问众人：

"司马懿坚守不出，今何故又上表求战？"辛毗就说："司马懿本无战心，必因诸葛亮耻辱，众将忿怒之故，特上此表，欲更乞明旨，以遏诸将之心耳。"曹叡于是派辛毗持节前往渭北军寨，令勿出战。辛毗到后宣旨："如再有敢言出战者，即以违旨论。"众将只得奉诏，司马懿暗自对辛毗说："公真知我心也！"

相持一百多天后，这年的八月，诸葛亮病逝于军中，时年五十四岁。依据诸葛亮生前的治军经验和传统，蜀军有序撤退。

一

当时，诸葛亮去世、蜀军撤退的消息，经百姓传到魏营，司马懿大松一口气，立即起兵追赶。司马懿巡视蜀军营垒布置，连连赞叹这位对手："天下奇才也！"《汉晋春秋》记载，姜维命令杨仪"反旗鸣鼓"，做出向司马懿攻击之势，司马懿以为诸葛亮又设计埋伏，才退却，不敢逼近，杨仪等人以严整的阵势，得以顺利撤军。这也给百姓们留下了谚语："死诸葛走生仲达。"有的人把这句谚语转告司马懿，他倒也大度，说："吾能料生，不便料死也。"

依照诸葛亮的遗命，死后葬在汉中定军山，"因山为坟，冢足容棺，敛以时服，不须器物"，没有任何隆重与奢华地离开这个世界，一如他当初给后主刘禅的书信："成都有桑八百株，薄田十五倾，子弟衣食，自有余饶。至于臣在外任，无别调度，随身衣食，悉仰于官，不别治生，以长尺寸。若臣死之日，不使内有余帛，外有赢财，以负陛下。"他是这样说的，也是这样做的，这恐怕是中国历史上最早的公务员财产公开的案例了。

两朝开济的蜀汉丞相，静静地躺在连绵起伏的青山，所挖的坟墓仅仅只放下一个棺材，只有几件简单的衣服，没有陪葬的奇珍异宝。其忠诚敬业之精神，令百姓追思，令敌国敬慕。

《襄阳记》记载，诸葛亮初亡，各地要求为他立庙祭祀，朝廷认为不合礼仪秩序，就没有批准，百姓们就自发地在清明节等节气中私自祭拜诸葛亮。陈寿在《三国志·蜀书·诸葛亮传》中写道："至今梁、益之民，咨述亮者，言犹在耳，虽甘棠之咏召公，郑人之歌子产，无以远譬也。"百姓们爱屋及乌，诸葛亮之子诸葛瞻，十七岁的时候，娶了公主，并拜骑都尉，后屡次升迁至尚书仆射，加军师将军。蜀国百姓因追思诸葛亮，也就把这份感念附加在了诸葛瞻身上，每一次朝廷只要有什么好的政绩，尽管不是诸葛瞻所创建或所倡导，大家依然是相互转告说："葛侯之所为也。"可以说邦内对他的赞誉，有过其实。景耀六年（263），魏征西将军邓艾伐蜀，诸葛瞻时年三十七岁，与长子诸葛尚在绵竹前线战死，诸葛家三代忠烈。

也是在景耀六年（263），春天的时候，蜀汉的步兵校尉习隆、中书郎向充上表刘禅，为顺应民心，建议把诸葛亮的庙建在沔阳，距离他的墓地不远，这样也可以让他的亲属故旧以及各地百姓到庙中祭祀追忆，刘禅这才同意。同年秋，魏镇西将军钟会大军浩浩荡荡开进汉中，不仅拜祭了诸葛亮的庙，还命令军中不得在诸葛亮墓地周边放马砍柴。可知，一向自视甚高的钟会对诸葛亮可谓敬佩有加。

蜀汉投降后，诸多的官员到晋朝任职，其中就有樊建出任晋给事中。《汉晋春秋》记载，晋武帝司马炎问樊建关于诸葛亮治国的情况，樊建回答："闻恶必改，而不矜过，赏罚之信，足感神明。"司马炎感叹道："善哉！使我得此人以自辅，岂有今日之劳乎！"司马炎的意思是，如果我要是能有诸葛亮辅佐，哪还有今日的劳累操心呢？

二

诸葛亮身后，留下了一个没有强人的蜀国。刘备，世之枭雄，曹操所惮；关羽张飞，皆是万人敌；诸葛亮，

"其用兵也，止如山，进退如风，兵出之日，天下震动，而人心不忧"。诸葛亮之死，意味着一个时代的过去，蜀汉进入了刘备创始、孔明秉政之后的第三阶段。

若是读《三国演义》，你会觉得，孔明驾鹤西去的三国，便再没有吸引你的趣味，似乎是缺少了主角的大戏，在落幕前已经是索然无味。而三国的正史中，诸葛亮的离去，同样震动了魏蜀吴三个国家。

东吴考虑到曹魏有可能趁着蜀汉衰弱，大举伐蜀，于是，赶紧在巴丘增加守军达到一万人，一方面是准备救援蜀汉，以防不测；另一方面，也有趁火打劫，打算从蜀汉分割点土地的意图。蜀汉也明白东吴此举的算盘，"亦益永安之守，以防非常"。

当时，蜀汉出使东吴的使者是宗预宗德艳，南阳人，早年随张飞入蜀，后为诸葛亮丞相主簿，迁参军右中郎将。孙权问宗预，咱们东吴与西蜀两个国家可以说是亲如一家，最近却听说你们在白帝城增兵，这是为什么呢？

这个时候的孙权虽然已经年纪不小，但外交上依然喜欢逗个乐趣，他只是想知道蜀汉的使臣会如何应对。《三国志·蜀书·宗预传》中记载宗预回答："臣以为东益巴丘之戍，西增白帝之守，皆事势宜然，俱不足以相问也。"宗预坦诚：有什么好问的，大家所做的都是心知肚明。

孙权大笑，没想到，宗预这么坦诚，"嘉其抗直，甚爱待之，见敬亚于邓芝、费祎"。

毕竟，诸葛亮还是要选一个接班人的，如同当年周瑜临终推荐鲁肃，吕蒙遗言举荐陆逊，诸葛亮曾经密表刘禅："臣若不幸，后事宜以付琬。"

诸葛亮一直都很看好蒋琬蒋公琰，认为他是"社稷之器，非百里之才也"。同时，蒋琬从广都长、什邡令、尚书郎、丞相东曹掾、长史加抚军将军，一路历练升迁，行政经验丰富，并多为诸葛亮做后勤行政支撑，"亮数外出，琬常足食足兵以相供给"。

三

曹魏出军，东吴增兵，蜀汉国内朝野恐慌，百姓惊悚，"时新丧元帅，远近危悚"。刘禅虽是君主，可是，没有诸葛丞相的蜀汉，简直就是没有了众心所望的依靠。

后世称刘禅是"扶不起的阿斗"，自然也是有几分缘由。或许他只是一个普通人，身上担不起一个政权的经略，更担不起"兴复汉室，还于旧都"的梦想。

《汉晋春秋》中记载，在刘禅投降之后，司马昭宴请他，故意在宴席上安排了蜀国的歌舞表演，触景生情，蜀汉旧臣想起亡国之痛，无不伤感怆然，而刘禅却喜笑自若。司马昭对身边的贾充说："人之无情，乃可至于是乎！虽使诸葛亮在，不能辅之久全，而况姜维邪？"司马昭认为，即便诸葛亮在，也不能辅佐他长久，何况姜维。贾充对刘禅的评价也是一样，他说："不如是，殿下何由并之。"

蒋琬领益州刺史，迁大将军，录尚书事，封安阳亭侯。蒋琬此时的表现，逐渐稳定了众人的心，"琬出类拔萃，处群僚之右，既无戚容，又无喜色，神守举止，有如平日，由是众望渐服"。处变不惊是据要位之人的基本素质，不惊不喜，一如寻常，才能安定众人，统筹国事，这一点，如果从重要职位接班人的标准要求，蒋琬恐怕比曹丕做得都好。

《世说新语》中记载，曹丕与曹植争太子，最终曹丕胜出，曹丕竟然抱着辛毗的脖子高兴地说："辛君知我喜不？"辛毗回去后，就把曹丕的表现告诉给女儿辛宪英，宪英叹息："太子代君主宗庙社稷者也。代君不可以不戚，主国不可以不惧，宜戚而喜，何以能久？魏其不昌乎！"

曹丕这个太子实在来得太不容易，一波九折，《魏略》中记载，曹丕当了皇帝之后，还经常谈到自己的兄弟们，他说："家兄孝廉，自其分也。若使仓舒（曹冲）在，我亦无天下。"曹操长子曹昂是在曹操与张绣一战中，为护卫曹操而战死；否则，天下理所应当是曹昂的。而曹冲不仅智力超乎常人，可以称出孙权所赠巨象的重量，同时，为人仁爱宽厚，体恤众人，深得人心。十三岁那年，也正是建安十三年（208），曹操亲自为他请命，不幸曹冲早逝，曹操心痛不已。曹丕在一旁宽慰父亲，曹操流涕，边哭边说："此我之不幸，而汝曹之幸也。"若是曹冲在，曹丕也做不了皇帝这个位置，何况从宫斗的角度来说，虎视眈眈的，还有文采绚丽的曹植，勇武凶悍的曹彰。

即便如此，历经考验，太子之位非比寻常，国家之重，社稷之稳，曹丕不忧，本应该心怀江山民众之事情，却因得了太子之位而欢喜失态。辛宪英就觉得曹魏的政权如此下去，是不会长久的，简单地说就是德不配位。

四

在魏明帝曹叡派兵出击辽东三郡的时候，刘禅专门给汉中屯兵的蒋琬书信，让其不要轻举妄动，要等候成熟的攻魏时机，"君其治严，总帅诸军屯住汉中，须吴举动，东西犄角，以乘其衅"。刘禅又命蒋琬开府治事，第二年加大司马。

一时间，蒋琬秉国政，居中枢之位，身边自然也就聚集了众多的僚属。

东曹掾杨戏一向性格直爽简略，不愿意烦琐周旋，有时候，蒋琬与他谈论事情，杨戏甚至不做应答。这就给蒋琬身边的行政人员提供了添油加醋的机会，就像是现在的办公室人员最喜欢拿这个作为挑拨离间的风影。那些人私下里对蒋琬说：领导，听人说，杨戏对你很有意见，叫我看，不是有意见，是对你不尊重，你和他说话他不理你，你开会他打盹，简直就是没有把你当成领导，太过分了，应该严肃处理。

蒋琬如果是听了这些人的谗言，也就和袁绍差不多了，蜀汉的灭亡说不定会提前，因为，官僚横行，相互倾轧，必然造成朝纲混乱，民不聊生。

所幸，蒋琬很清晰地知道身边人为私利，必然想办法结党以诽谤而攻击异己。《三国志·蜀书·蒋琬传》记载，蒋琬就对他们说："人心不同，各如其面；面从后言，古人所诫也。戏欲赞吾是耶，则非其本心，欲反吾言，则显吾之非，是以默然，是戏之快也。"蒋琬说得很清楚：各人有各人的想法，就如同大家长相各不相同，很正常啊。如果是当面顺从，背后议论，会上不说，会后乱说，那才是古人所要警诫的。杨戏人家如果表达赞同，那可能就不是出自他的本意，如果是反驳我的话呢，则显示我是有问题的。所以，杨戏采取沉默的方式，这说明，杨戏这个人讲究啊，是个爽快之人。

作为手握重权的领导人，蒋琬稳重宽厚，在统筹国政的过程中，能够恢宏心胸，不理瑕疵，尤其是不为小报告所干扰，维护众人一心，实属难得。他所引导的是一种风气，简朴刚正，故而，诸葛亮死后，蜀国并没有立刻陷入混乱的局面，反而是维持了相当长时期的稳健发展，并能够持续支持姜维的北伐。

五

在《三国演义》第一百零四回"陨大星汉丞相归天 见木像魏都督丧胆"中，刘禅派尚书李福到前线问安，兼询后事。诸葛亮对李福说："吾死之后，可任大事者：蒋公琰其宜也。"李福接着问："公琰之后，谁可继之？"诸葛亮说："费文伟可继之。"

可知，罗贯中在写《三国演义》的时候，历史功课做得很是到位。小说中的尚书李福，即是李福李孙德，建兴元年（223），为江州督、扬威将军，调入朝中任尚书仆射，封平阳亭侯。

裴松之所注《三国志》中，采集了《益部耆旧杂记》中的资料，"诸葛亮于武功病笃，后主遣福省侍，遂因谘以国家大计"。李福去了之后，转达了刘禅关心之意，也听了诸葛亮的相关状况，于是就离开了大营，过了几天，突然想起，重要的事情没有问，立即策马回转，再入军中。诸葛亮告诉他："孤知君还意。今日言语，虽弥日有所不尽，更来一决耳。君所问者，公琰其宜也。"

丞相果然高人，李福前来所问的关键之事忘了，他再次军中拜访，诸葛亮就知道他要问接班人的事情。李福就继续问："前实失不谘请公，如公百年之后，谁可任大事者？故辄还耳。乞复请，蒋琬之后，谁可任者？"

诸葛亮说："文伟可以继之。"李福又问其次，诸葛亮没有回答，或许，他也清楚蜀汉的气数到那个时候已尽，三国必然一统。

诸葛亮生前对于蒋琬赞赏有加，对费祎也是非常器重，《三国志·蜀书·费祎传》中记载："丞相亮南征还，群僚于数十里逢迎，年位多在祎右，而亮特命祎同载，由是众人莫不易观。"众多资历在费祎之上的大臣去迎接丞相南征凯旋，诸葛亮特命费祎和自己同坐一辆车，可见对费祎的看重。

费祎费文伟，江夏人，少小孤，后随同族长辈游学蜀中，适逢定蜀，费祎便与汝南许叔龙、南郡董允齐名。当时，许靖丧子，董允与费祎打算一起前往墓地吊唁。

要知道董允董休昭是蜀中名臣董和董幼宰之子，诸葛亮始终交好的朋友分别是崔州平、徐庶、董和、胡济。董允的成长和发展一路受到诸葛亮的关注与支持。诸葛亮北征之前，上书刘禅，把相关的人员给他安排好了："侍中郭攸之、费祎、侍郎董允等，先帝简拔以遗陛下，至于斟酌规益，进尽忠言，则其任也。愚以为宫中之事，事无大小，悉以咨之，必能裨补阙漏，有所广益。若无兴德之言，则戮允等以彰其慢。"后来"董允为侍中，领虎贲中郎将，统宿卫亲兵"。相当于把大内交给了董允，刘禅想多招美女，以扩充后宫，董允却认为按照古制，不宜增加，令刘禅很是郁闷，"后主益严惮之"。

后来诏命蒋琬任益州刺史，蒋琬上疏辞让给费祎或者董允。随着刘禅长大，很是宠幸宦官黄皓，董允当时"上则正色匡主，下则数责于皓"。黄皓很是惧怕董允，不敢为非作歹，"终允之世，皓位不过黄门丞"。

《华阳国志》有记："时蜀人与诸葛亮、蒋琬、费祎及允为四相，一号四英也。"董允在蜀汉的地位之高，影响之大，是蜀汉后期之中流砥柱。董允死后，陈祗代为侍中，与黄皓相互勾结，黄皓开始干预政治，从一个黄门令蹿升为中常侍、奉车都尉，操弄权术，诋毁大臣，甚至前线曹魏来攻的紧急战报都被压下，"终至覆国。

蜀人无不追思允"。

<h1 style="text-align:center">六</h1>

青年时候的费祎和董允在一起，都是蜀汉才俊，颇为世人关注。

董允向父亲董和申请车驾，说是和费祎一起去参加许靖之子的葬礼，董和就派人弄了一辆鹿车给他们。鹿车可不是神仙一样的座驾，由鹿拉的车，而是由人力推拉的车，其实就是小推车。

董允看了，不知道说什么好，心想：这也叫车，就算不派辆马车，弄一辆牛车慢悠悠的也行啊，这种小车，真是一点都不体面。"允有难载之色，祎便从前先上"。董允面有难色，费祎却不觉得难堪，坦坦然然地上了车。

两个人终于到了办葬礼的地方，一看诸葛亮及诸位朝中显要都已经齐聚，而且，"车乘甚鲜，允犹神色未泰，而祎晏然自若"。都是达官贵人云集，何况乘的都是豪华车，两个人相形见绌，董允神情更是忐忑，而费祎依然如初。

推车的人回来后，董和就问，怎么样啊，今天公子们的表现如何呢？推车的人一一相告。董和等到董允回来，就和儿子说："吾常疑汝于文伟优劣未别也，而今而后，吾意了矣。"原来觉得自己的儿子和费祎一样优秀，通过这件事，董和觉得自己儿子的胸怀和素养还是不及费祎。

诸葛亮以费祎为昭信校尉出使东吴，孙权"性既滑稽，嘲啁无方"，也就是说孙权素来喜欢开玩笑，并且变化多端，当然，一方面是孙权有真性情的一面，另一方面则是孙权年少便居于高位所至。

比如，宗预出使东吴的时候，孙权就和他故意开玩笑，而宗预的坦诚真性情也赢得了孙权的尊敬。延熙十年（247），宗预为屯骑校尉，当时车骑将军邓芝从江州回来，在朝中见到宗预，就说："礼，六十不服戎，而卿甫受兵，何也？"按照礼制，六十岁就不再从军了，你现在却刚刚带兵，接受军权，这是为什么呢？

邓芝明显是挑衅，蜀汉后期，功臣名将不多，邓芝威望甚高，性高傲，自大将军蒋琬以下对他无不避让。宗预可不是那种屈让之人，针锋相对地回击邓芝："卿七十不还兵，我六十何为不受邪？"

他不仅不谦让邓芝，也照样不迁就诸葛瞻。宗预一路升迁为后将军、征西大将军，赐爵关内侯，后因病回成都，官拜镇东大将军，领兖州刺史。当时都护诸葛瞻开始统领朝政，众人有所倾斜，相继拜会。廖化也来约宗预，想邀请他一起拜访诸葛瞻。宗预却说："吾等年逾七十，所窃已过，但少一死，何求于年少辈而屑屑造门邪？"意思是，都七十的人，所得已经很多，只缺一死，还有什么事因为需要小辈们关照，而匆匆地登门拜访呢？

宗预这率真的性格，逐渐还和孙权成了好朋友。宗预再一次出使东吴的时候，就对孙权说："蜀土僻小，虽云邻国，东西相赖，吴不可无蜀，蜀不可无吴，君臣凭恃，唯陛下重垂神虑。"说完之后，似乎是自言自语地说："年老多病，恐不复得奉圣颜。"老朋友的感伤，深深地打动了孙权。正如后世杜甫的诗："人生不相见，动如参与商。今夕复何夕，共此灯烛光。少壮能几时，鬓发各已苍。访旧半为鬼，惊呼热中肠。"

孙权紧紧握住宗预的手，竟然涕泣而别，他对宗预说："君每衔命结二国之好。今君年长，孤亦衰老，恐不复相见！"若是孙权别的话是外交上开玩笑，这一段对宗预的话，却是真性情，美人迟暮，将军白发，岁月任是帝王也不饶啊。怎么样表达这种岁月之愁呢？孙权就给老朋友宗预送了一斛大珍珠。

孙权、诸葛恪等人和费祎辩论，皆是机敏锋锐，但费祎都是据理以答，终不为屈。孙权还喜欢专门给费祎弄一些好酒喝，"视其已醉，然后问其国事，并论及当世之务，辞难累至"。这是外交上的套路，总是在费祎喝醉的时候问他国事。费祎应对风格，别具一格。在酒局上的时候，他直接推辞说喝醉了，然后，为不伤礼节，会在过后，按照所问问题的条理，"事事条答，无所遗失"。

七

能够经历孙权考验的人，才能入孙权的法眼，然后待之以国士。

孙权对费祎很是器重，曾经对费祎说："君天下淑德，必当股肱蜀朝，恐不能数来也。"孙权认为，以费祎这样的才能和品德，必能在蜀国朝廷中身居要位，支撑政权，恐怕也不能经常出使东吴了。《祎别传》中记载，孙权以手中常执宝刀赠之，正所谓"宝刀赠英雄"，费祎一看，这礼也太重了，就婉拒："臣以不才，何以堪明命？然刀所以讨不庭、禁暴乱也，但愿大王勉建功业，同奖汉室，臣虽暗弱，终不负东顾。"费祎的"终不负东顾"，也坦坦荡荡地回报了孙权的赏识和敬重。

果如孙权所料，费祎回到成都，升迁为侍中，等到诸葛亮驻军汉中的时候，他以费祎为参军。在这一时期，诸葛亮基本上让费祎继承了邓芝的外交业务，频繁地出使东吴。建兴八年（230），转为中护军，后为司马。

费祎不仅气度沉稳，行政协调能力也超出常人。当时，军师魏延与长史杨仪之间相互憎恶，诸葛亮在世的时候，也就只有费祎从中周旋，从而，能让魏延和杨仪各尽其用。不过也正是诸葛亮在世之时，没有处理好二者关系，导致蜀汉末期的悍将魏延被杀，蜀汉军团的战斗力也大大削弱。

将帅选择接班人的时候，各有其考虑，而诸葛亮选择费祎，则是因为费祎是一个智力聪慧、精力旺盛的人，似乎在费祎的身上，能看到诸葛丞相的影子。诸葛亮去世后，费祎为后军师，不久，便代替蒋琬出任尚书令。《祎别传》中记载，费祎出任要职之后，军务政务繁忙，但"祎识悟过人，每省读书记，举目暂视，已究其意旨，其速数倍于人，终亦不忘"。这说明费祎擅长处理政务信息，对行政公文的阅读及处理效率极高，能力极强，并且博闻强记。

尤其是，费祎精力旺盛，往往能够同时处理多种业务。比如，在他处理行政事务的时候，还接纳宾客，甚至还"饮食嬉戏，加之博弈，每尽人之欢，事亦不废"。说明他既能招待好来宾，陪他们下棋吃饭，还能够把正事给办了，多方兼顾，同时处理。

董允后来代替费祎为尚书令，就想效仿费祎的工作方法，希望能够达到费祎高效率的工作效果，没想到十多天左右，就已经迟滞了众多事情，董允不得不感叹：
"人才力相县若此甚远，此非吾之所及也。听事终日，
犹有不暇尔。"

八

在费祎的身上，体现了一个领导人的智力、体力和
定力的综合素质。

延熙七年（244），魏大将军曹爽、征西将军夏侯
玄来犯，费祎督诸军抵御。出发前夕，光禄大夫来敏拜
访，说是送别，请求下一盘围棋。当时，传令兵已经快
马穿梭，军中人马甲胄严整，车驾备好，单等开拔。

费祎竟然能够坐下来与来敏认真地对弈，"色无厌
倦"，见此情景，来敏说："向聊观试君耳！君信可人，
必能办贼者也。"来敏的意思是我只是想测试一下你啊，
你果然非同常人，到前线一定能惩罚贼人的。费祎大军
到兴势，魏军果然退去。

尽管作为诸葛亮和蒋琬的继任者，费祎也具备卓越
的领导能力，但是，他清醒地认识到，蜀汉的国力已经
不能承受大举北伐的连年战争，摆在他面前的蜀国，需
要休养生息，需要力量集聚。而姜维"每欲兴军大举，
费祎常裁制不从，与其兵不过万人"。《汉晋春秋》记载
道，费祎对姜维说："吾等不如丞相亦已远矣；丞相犹

不能定中夏，况吾等乎！且不如保国治民，敬守社稷，如其功业，以俟能者，无以为希冀徼幸而决成败于一举。若不如志，悔之无及。”

在蒋琬之后，费祎当国功名，基本上可以和蒋琬相近，虽然身在外，朝中奖罚刑威，基本上是先咨询费祎，然后决策，可见所受倚重。

当然，若不注意，一个人的优势也往往在有些时候会变成一个人的劣势。费祎待人坦荡至诚，开阔谦逊，孙权、诸葛亮等人赏识，蒋琬、董允等人敬慕。然而费祎对大多数人都这样的时候，无所甄别，就容易置自己于险地。

一国当政，竟然在自己的宴会上被刺身亡，除了惋惜，还是惋惜，甚至比孙策被刺更惋惜，因为刺客是被俘虏的降臣郭脩（郭循），而费祎在宴会上“欢饮沈醉，为循手刃所害”。

九

其实，蜀汉后期名臣张嶷张伯岐，早就提醒过他，《三国志·蜀书·张嶷传》中记载，“嶷初见费祎为大将军，恣性泛爱，待信新附太过”，过于信任新近投降归附之人，在尚未经过深入了解的情况下是很危险的。

张嶷被陈寿认为是“识断明果”，具有非常敏锐的判断力和鉴别力。比如，对诸葛恪的判断。诸葛恪诸葛元逊是诸葛瑾诸葛子瑜之长子，是诸葛亮之侄，少小的时候，就才名当世，深得孙权喜爱，加上孙权与诸葛瑾关系很好，《江表传》记载，孙权对诸葛瑾说："蓝田生玉，真不虚也。"

由于孙权喜欢开大臣玩笑，一次，大会群臣，孙权就命人牵一头驴进入大殿，驴脸上有一个标签，上写着"诸葛子瑜"，这是拿诸葛瑾的大长脸开涮。众人皆笑，只见诸葛恪请求孙权让他添两个字，孙权就让人给他笔，诸葛恪续写了"之驴"，举座欢笑，叹其机敏，孙权就把这头驴赐给了诸葛恪。

过一段时间相见，孙权问诸葛恪："卿父与叔父孰贤？"这是在让诸葛恪比较诸葛瑾和诸葛亮呢。诸葛恪就说肯定是我的父亲为优，孙权问其理由，诸葛恪就说："臣父知其所事，叔父不知，是以为优。"其才思敏捷，深得孙权欢心。

然而，正是这种优越的成长环境，让诸葛恪形成了一种虚高在上，不接地气，好大喜功，难于兼容的禀性。知子莫若父，诸葛瑾曾说："恪不大兴吾家，将大赤吾族也。"诸葛恪如果不能兴盛诸葛家族，有可能会给诸葛家族带来灭顶之灾。丞相陆逊也经常提醒诸葛恪："在我前者,吾必奉之同升;在我下者,则扶持之。今观君气陵其上,意蔑乎下,非安德之基也。"孙权在病榻上,也是考虑到诸葛恪刚愎自用,不想托付政权与他,但是,经孙峻等人共推荐,乃征诸葛恪为大将军领太子太傅,托付后事。

诸葛恪一经出任东吴太傅,权倾一朝,铲除异己孙弘,后帅军屡次与魏军交锋,经丁奉雪中奋短兵,战绩显著,从此,有了轻敌之心。后又开始了连年动众,大举征伐的穷兵黩武。

由于两国实力悬殊,东吴与曹魏历次战争都是取其巧劲,而非拙力,即便是周瑜在世,也是依靠火攻和曹操的麻痹大意,而陆逊在世大胜曹休,则是依赖于周鲂的诈降之计。诸葛恪对魏的后续战役,几乎都是惨败,并且不听诸将意见,也不知体恤民情,民心尽失。

十

张嶷就写信给诸葛瞻,让他劝说堂兄诸葛恪,不要盲目冒进。《三国志·蜀书·张嶷传》中记载,张嶷信中说:"东主初崩,帝实幼弱,太傅受寄托之重,亦何容易!"诸葛恪这个时候的处境并不妙,即便是周公辅政、霍光受任,都是有不同的意见和谋乱的。"加吴、楚剽急,乃昔所记,而太傅离少主,履敌庭,恐非良计长算之术也",意思是东吴那个地方,本就民风彪悍,若是诸葛恪远离少主，带兵在外，恐非安稳之计。

虽然说东吴朝纲肃然，上下和睦，但是，难保就不出任何问题，百有一失，谁又能考虑到呢？"取古则今，今则古也，自非郎君进忠言于太傅，谁复有尽言者也！旋军广农，务行德惠，数年之中，东西并举，实为不晚，愿深采察"，意思是，古往今来，古者今师，古今相近，若是你不给诸葛恪提建议的话，谁能尽言呢？还是让他赶紧撤军回来，广施德惠，与民休息，过不几年，咱们东吴和西蜀联合，同时举兵，也不算晚。

张嶷所担心的，终究还是发生了，孙峻和孙亮合谋，备酒除恪，可谓东吴版的鸿门宴，关键是这个鸿门宴确实得手了。当天，诸葛恪要赴宴的时候，他们家的狗很有灵性，竟然不想让他参加。《三国志·吴书·诸葛恪传》中记载："严毕趋出，犬衔引其衣，恪曰：'犬不欲我行乎？'还坐，顷刻乃复起，犬又衔其衣，恪令从者逐犬，遂升车。"诸葛恪过于轻视孙峻，在宴席上被孙峻刀砍后，亲属也多被杀戮清除。

与东吴权臣诸葛恪之死相似的是，蜀汉的费祎也是疏于防卫，过于大意。张嶷当时也写信给他，专门提醒："昔岑彭率师，来歙杖节，咸见害于刺客，今明将军位尊权重，宜鉴前事，少以为警。"

张嶷信中所说的岑彭、来歙，都是跟随汉光武帝刘秀开拓天下的名将，也都是在平定蜀地的时候，被公孙述所派刺客刺死。《后汉书·岑彭传》记载："彭所营地名彭亡，闻而恶之，欲徙，会日暮，蜀刺客诈为亡奴降，夜刺杀彭。"《后汉书·来歙传》记载，来歙被蜀人刺客刺中之后，赶紧把军国之事交付，然后给刘秀写信："臣夜人定后，为何人所贼伤，中臣要害。臣不敢自惜，诚恨奉职不称，以为朝廷羞。"写完之后，"投笔抽刃而绝"。后名将吴汉，决战成都，击杀公孙述，算是给两位同事报了仇。由于过于愤怒，吴汉诛灭公孙氏全族，烧毁宫室，纵兵大掠。所以，邓艾在平定蜀中之后，很是骄傲地对蜀国士大夫们说："诸君赖遭某，故得有今日耳。若遇吴汉之徒，已殄灭矣。"意思是，得亏你们碰到我了，才有今天的平安，否则若是碰到像吴汉那样的人，估计你们也都没命了。

　　后来，费祎还是因为疏于防范，被魏人郭脩（郭循）所刺杀。历史总是相似的，所以读史使人明智，张嶷对诸葛恪与费祎所举的例子，是因为他们都没有醒悟，于是，历史就在他们身上再一次地上演，只是换了表演者而已。

十一

在昭化古城，费祎墓静静地矗立在古城斜阳里。古城街道的青石板，一直延伸蜿蜒地铺向嘉陵江的河滩。嘉陵江水在青青蜀山的怀抱中，滔滔滚滚，奔涌向前。

后世的人们在昭化古城中，修建了葭萌亭作为蜀汉的纪念，建筑上的石刻、砖雕或者木版画，几乎都是三国蜀汉英雄的雕像与故事。即便是街上的老茶馆，也有一位用四川话说评书的老艺人，穿着长袍，左手一把纸扇，右手手持惊堂木，朗声而起，便是"三国的张飞战马超，就在咱昭化城"。

人们便是在这里一代又一代地讲着三国的故事，尤其是，昭化古城的费祎墓，一如他本人的风格，像极了前辈诸葛丞相，简单简洁，不着雕饰，如同他生前，"祎雅性谦素，家不积财。儿子皆令布衣素食，出入不从车骑，无异凡人"。

朗朗如日月之入怀
——夏侯太初的时代

战国时候的名将乐毅，为燕昭王伐齐，下齐国城邑七十多座，只剩下即墨县和莒县尚未攻下，使燕国的国势达到了空前绝后的强盛。

不巧的是，公元前 279 年，燕昭王死，燕惠王继位。燕惠王是一位心胸狭隘、刚愎自用，又嫉贤妒能的国君，对乐毅很有意见。齐国田单便利用这一矛盾，使用反间计，使燕惠王找借口召回乐毅，以骑劫为将。田单在即墨城下以火牛阵大破燕军，杀骑劫，尽收失地。

乐毅为后世所敬重，不是他以弱燕攻强齐的战功战例，而是他在功败垂成之关键时机，做出明智的判断与抉择，没有应召回燕国，而是选择去了赵国，从而避免了被燕惠王杀戮的危险。

赵国敬重其才，封他为望诸君，以此来震慑齐、燕等国。燕惠王悔，却不反思，反而是写信责怪乐毅。乐毅便写了千古名篇《报燕惠王书》回应，有情有理，有节有势，其中写道："臣闻之，善作者不必善成，善始者不必善终。昔伍子胥说听于阖闾，而吴王远迹至郢；夫差弗是也，赐之鸱夷而浮之江。吴王不寐先论之可以立功，故沉子胥而不悔，子胥不蚤见主之不同量，是以至于入江而不化。"他以名将伍子胥和吴王阖闾、吴王夫差两代君王的际遇，来阐明伍子胥的才华与君主的胸怀气量之间所产生的不同后果，从而旁证了燕惠王的不智。

后人专门把这篇文章收入《古文观止》，其明识之慧，以判断人主之气量，主动掌控局面，审时度势，而不做被动之迂腐。乐毅明辨是非，不做幻想，有自主意识，果断行动，启迪后世，令后来者，无不仰慕感叹。

一

三国中的曹操曹丞相与诸葛亮诸葛丞相都以他为期许。

曹操深得乐毅之坦荡与自主，才不会受所谓的舆论影响，更不会受陈俗陋规的制约，在汉献帝建安十五年（210）《十二月己亥令》中写道："设使国家无有孤，不知几人称帝，几人称王。"他又写道乐毅和蒙恬的事迹："孤每读此二人书，未尝不怆然流涕也。"

诸葛亮则从来都把乐毅作为自己的榜样，《三国志·蜀书·诸葛亮传》中记载："亮躬耕陇亩，好为梁父吟。身长八尺，每自比于管仲、乐毅。"诸葛亮把自己和管仲、乐毅相提并论，这里有一个深层次的含义，就是他没有把乐毅作为一个兵家的前辈来看待，而是把乐毅作为一代政治家来崇敬。

不仅仅曹丞相和诸葛丞相对乐毅关注与尊敬，三国中还有一位才华卓越的人物，还专门写了一篇《乐毅论》，阐发乐毅之高远长策，果敢决断。

这位人物便是夏侯玄夏侯太初。

夏侯玄认为，一般人在谈论乐毅的时候，都认为他没有按时攻下即墨县和莒县，是不合适的，尤其是不利于燕国的。那说明大家在看待圣贤的时候，没有从长远的视野看问题，看情怀，"夫求古贤之意，宜以大者远者先之，必迂回而难通，然后已焉可也"。对于乐毅这样的古仁人，需要看他的志向，他做事的用意。当时，燕昭王对他极为信任，军权在握，邻国支持，可谓千载一遇，然而，他之所以包围剩下的两个城池，不急于进攻，不屠戮百姓，从《报燕惠王书》中，可以看出，其意图不在当下，不在战绩，不在灭敌人之国，而在"夫兼并者非乐生之所屑，强燕而废道，又非乐生之所求也"。

真正报答燕昭王之知遇，在于他辅佐燕昭王行仁义于天下，他想倡导天下的大道仁心，"不屑苟得则心无近事，不求小成，斯意兼天下者也。则举齐之事，所以运其机而动四海也，讨齐以明燕主之义，此兵不兴于为利矣。围城而害不加于百姓，此仁心着于遐迩矣，举国不谋其功，除暴不以威力，此至德令于天下矣"。

不求小成，在于囊括天下，而并天下，需要求仁得仁，牧民明信，以收天下民心。"由是言之，乐生之不屠二城，其亦未可量也。"

夏侯玄层层剖析，逻辑严谨，大开大合，境界高格，令后人读之，拍案击节。后世的书法家王羲之以此文能寻得知音之感，抄录成帖，流传后世，被唐太宗李世民喜爱珍藏，《乐毅论》与《兰亭序》同为书法至宝。

二

行文至此，读者会问，夏侯玄，这个人物，似乎是很多人的参照物呢。

那个时代盛行对人物进行品评，并已经形成社会风气。其中就有著名的许劭许子将所主持的"月旦评"，品评当时人物，每月初一发布。一经点评，身价百倍，相当于当今时尚的榜单一样，只不过那个时候没有现代传媒，只能靠口碑传播。其影响力之大，甚至连当时的扬州刺史刘繇刘正礼用作战选将都要考虑许劭的反应。

由于太史慈太史子义和刘繇都是东莱人，而且太史慈勇武异常，孔融等人都十分欣赏，孔融对他说："卿吾之少友也。"即便是后来的孙策碰到他，都盛赞太史慈"太史子义，青州名士，以信义为先，终不欺策"。

《三国志·吴书·太史慈传》中记载，太史慈在曲阿与刘繇相见，还没来得及离开的时候，恰好孙策攻打刘繇。有的人就建议刘繇这个时候应该任用太史慈为大将军，没想到刘繇很是看重出身，就说："我若用子义，许子将不当笑我邪？"他只让太史慈负责侦查事务，不予重兵。

不仅是刘繇，即便是一项自信的曹操也脱不了俗，曾经主动跑到许劭那里，缠着人家给个点评，才有"治世之能臣，乱世之奸雄"之说。关键曹操还高兴得大笑而去。

《世说新语》中点评诸葛家族的三兄弟："诸葛瑾弟亮，及从弟诞，并有盛名，各在一国。于时以为'蜀得其龙，吴得其虎，魏得其狗'。诞在魏与夏侯玄齐名；

瑾在吴，吴朝服其弘量。"本是称赞诸葛诞诸葛公休，却不能不找一个显要的人物相比较，那么这个人便是夏侯玄，二人齐名。

作为名士，诸葛诞和夏侯玄在魏国影响深远。后来司马兄弟专政，诸葛诞心怀魏室，加上好友夏侯玄、邓飏均被夷灭，他深度经营淮南，深得民心。诸葛诞奋而起兵，兵败后，麾下数百人，至死不降，皆曰："为诸葛公死，不恨。"

《三国志·蜀书·姜维传》中记载，姜维按照刘禅的旨意投降钟会之后。钟会很是欣赏姜维，"与维出则同舆，坐则同席"，他还对长史杜预称赞："以伯约比中土名士，公休、太初不能胜也。"也就是在钟会眼中，姜维人才难得，拿中原的名士诸葛诞诸葛公休、夏侯玄夏侯太初跟他相比，都不如他。

如此看来，众人若是点评诸葛诞的优秀、姜维的雄才，怎么也回避不了夏侯玄，那个时代的夏侯玄，简直就是名士中的名士。

三

名士，在魏晋时期是一种风范，一种引领，甚至说是一种时尚。

《世说新语》中关于夏侯玄的故事较多，尤其是其雅量和气质，成为千古传唱的传奇。如从雅量上，"夏侯太初尝倚柱作书，时大雨，霹雳破所倚柱，衣服焦然，神色无变，书亦如故。宾客左右，皆跌荡不得住"。下大雨的时候，夏侯玄倚着柱子在写字，突然闪电霹雳，直接击打在了他所依靠的柱子上。顿时，他的衣服都烧焦了，但夏侯玄神色不变，泰然自若，照常写字。而他身边的宾客们都已经吓得东倒西歪，跌坐在地。众人皆服其雅量与气度。

　　其影响让魏明帝曹叡都很是欣赏敬慕，便让皇后的弟弟毛曾与夏侯玄共坐。没想到两个人坐在一起，"时人谓蒹葭倚玉树"，果真是没有对比就没有伤害，大家眼中的毛曾简直就是池塘的芦苇，而夏侯玄则是仙山中的琼树一样，放在一起，差距太大了。夏侯玄时任黄门侍郎，这一次与皇后弟毛曾并坐，"玄耻之。不悦形之于色。明帝恨之，左迁为羽林监"。

　　"时人目夏侯太初朗朗如日月之入怀，李安国颓唐如玉山之将崩"，当时人们看到夏侯玄的时候觉得其风姿，令人有日月入怀，光彩照人之清朗，而看到李丰颓唐的样子，如同玉山之将崩。裴楷评论夏侯玄是"肃肃如入廊庙中，不修敬而人自敬"。如同进入宫殿朝堂，恭恭敬敬，人们对他有一种不自觉的尊敬；另一个说法则是"如入宗庙，琅琅但见礼乐器"。见到他，如同进入了宗庙，礼乐之器琳琅满目。

那么，究竟是什么样的风骨，让世人觉得"夏侯太初朗朗如日月之入怀"呢?

四

一个人的成长与其环境是分不开的，名士更是如此，夏侯玄的养成与夏侯家族在曹魏政权中的作用与影响紧密相连。

整个曹魏，夏侯家族，英雄辈出，尽是政权柱石，深刻地影响着曹魏的历史和三国的政局，比如夏侯惇、夏侯渊、夏侯尚、夏侯霸、夏侯懋、夏侯玄。

夏侯玄的父亲是夏侯尚夏侯伯仁，而夏侯尚则是夏侯渊的侄子，由于夏侯渊与曹操的关系，夏侯尚从小就和曹丕要好。夏侯尚跟随曹操，拜军司马，以骑兵征讨四方。

魏国建立后，夏侯尚升迁为黄门侍郎。代郡反叛，鄢陵侯曹彰为主帅征讨，夏侯尚参彰军事。曹操崩于洛阳，夏侯尚持节，作为近臣，护送曹操的棺材回到邺城。

夏侯尚不仅能带兵，而且有筹划智略，深得曹丕器重。在与蜀汉交锋上，夏侯尚率领诸军击破上庸，平三郡九县，升迁为征南大将军。在与东吴的攻讨上，尽管孙权称藩，夏侯尚依然是加紧武备，果然孙权翻脸，两国再次兵戎相见。诸葛尚还与曹真攻破过诸葛瑾。

不过，夏侯尚却因感情上的事情伤感而去。他的正妻是曹氏之女，而他却非常喜欢自己的小妾，并且对其宠幸的程度超过了正妻，这种情况下，就不是家事了，曹丕竟然派人把夏侯尚的小妾给绞杀了。《三国志·魏书·夏侯尚传》中描述"尚悲感，发病恍惚，既葬埋妾，不胜思见，复出视之"，即便是埋葬了之后，夏侯尚依然念念不忘，还会经常到墓地去探望。听说夏侯尚的举动之后，曹丕很是郁闷地说："杜袭之轻薄尚，良有以也。"意思是看来杜袭看不上夏侯尚的确也没错啊。

当然杜袭杜子绪也是一位远见卓识之人，颍川定陵人，避乱荆州，刘表待之宾客之礼。同郡的繁钦多次在刘表面前呈现自己的奇才，杜袭就提醒他："吾所以与子俱来者，徒欲龙蟠幽薮，待时凤翔。岂谓刘牧当为拨乱之主，而规长者委身哉？子若见能不已，非吾徒也。吾其与子绝矣！"大意是，杜袭觉得刘表既没有拨乱天下的心智和才能，也没有驾驭英雄的可能，既然是打算建功立业，那么，刘表就不是可以依靠的人。

曹操把汉献帝迎回许都，杜袭也就逃回乡里，曹操任命他为西鄂县长。当时战乱，寇贼纵横，百姓无心农业，杜袭一方面加强守备，另一方面督促农业，一时吏民欢悦。《九州春秋》中记载，建安六年（201），刘表带步兵骑兵数万人攻西鄂，杜袭发动县里为数不多的青壮男女守城。"时南阳功曹柏孝长亦在城中，闻兵攻声，恐惧，入室闭户，牵被覆头。相攻半日，稍敢出面。其明，侧立而听。二日，往出户问消息。至四五日，乃更负楯亲斗，语子绪曰：'勇可习也。'"

杜袭为曹操所倚重，经常被曹操单独召见，商量军政事宜至夜半。曹操任命他为留府长史，镇守长安。杜袭也做得非常称职，同时，他还提出许多中肯的建议，比如，夏侯尚与太子曹丕关系很近，"情好至密"，杜袭就告诉曹操，说夏侯尚"非益友，不足殊待"，曹丕"初甚不悦，后乃追思"。

即便有这样一个插曲，但由于他是曹魏旧臣，恩宠不减。夏侯尚病重的时候，曹丕多次前往探望，君臣二人，本就是布衣之交，"执手涕泣"。夏侯尚死后，曹丕下诏："尚自少侍从，尽诚竭节，虽云异姓，其犹骨肉，是以入为腹心，出当爪牙。智略深敏，谋谟过人，不幸早殒，命也奈何！赠征南大将军、昌陵侯印绶。"

五

由于夏侯家族与曹氏家族之间相互通婚，盘根错节，曹爽的母亲便是夏侯玄的姑妈。曹爽与夏侯玄不仅仅是亲戚关系，相互之间关系也甚好，何况夏侯玄名盛当世，《魏氏春秋》中记载："初，夏侯玄、何晏等名盛于时，司马景王亦预焉。晏尝曰：'唯深也，故能通天下之志，夏侯太初（夏侯玄）是也；唯几也，故能成天下之务，司马子元（司马师）是也；唯神也，不疾不速，不行而至，吾闻其语，未见其人。'"

曹爽与司马懿辅政时，夏侯玄也随之升迁到散骑常侍、中护军。

司马懿与夏侯玄讨论政事，夏侯玄认为"夫官才用人，国之柄也；故铨衡专于台阁，上之分也；孝行存乎闾巷，优劣任之乡人，下之叙也。夫欲清教审选，在明其分叙，不使相涉而已"。也就是厘清中央与地方对人才选拔与人才品评及人才考核的权限与逻辑，恰恰是九品中正制存在的一些不足之处。

他还谈到行政官与监察官的设置问题，以及县令县长、郡守与刺史的官职设置问题，他建议减少层级设置、官员设置，"制使万户之县，名之郡守，五千以上，名之都尉，千户以下，令长如故，自长以上，考课迁用，转以能升，所牧亦增，此进才效功之叙也，若经制一定，则官才有次，治功齐名。"

同时，还建议官员的服饰崇尚朴素，呈现等级就可以，从而影响社会风气，"夫上之化下，犹风之靡草。朴素之教兴于本朝，则弥侈之心梓消于下矣"。

陈寿写《三国志》，力求精简，对于众多人物都是简省笔墨，然而，却对夏侯玄的建议与思考，通篇刊载，慎思周详，或许是深深服膺并赞同夏侯玄之见解，又或许是借夏侯玄之笔抒时代之情怀、刺时代之利弊。历史永远都不是陈旧纸张的再编辑与再堆积，历史永远是鲜活的。

司马懿专门给他回信："审官择人，除重官，改服制，皆大善。"

六

曹魏后期的政坛多变，曹爽执政混乱，狂妄无德，给了司马家族翻盘的机会。司马懿发动高平陵之变，曹爽手握重兵及粮草，却毫无斗志，幻想"我不失作富家翁"，遂放弃抵抗，被一网打尽，司马懿尽诛其人。

当时夏侯玄任征西将军，掌重兵，假节都督雍、凉诸军事，因诛曹爽，司马懿便解了夏侯玄的军权，征为大鸿胪，过几年又徙为太常。

这一系列的政变，也引起了一系列的连锁反应。包括与蜀汉前线作战的夏侯霸。

夏侯霸是夏侯渊的儿子。我们先说夏侯渊，夏侯渊夏侯妙才，是夏侯惇的同族兄弟，早年曹操犯了事，夏侯渊就替他顶罪，后来曹操把他营救，夏侯渊追随曹操起兵。

夏侯渊在军中骁勇善战，常统帅诸将，曹魏名将徐晃、朱灵、张郃都曾受他节制。夏侯渊擅长长途奔袭，打运动战，择其要害，攻敌不备，军中称他是"典军校尉夏侯渊，三日五百，六日一千"。

在对阵韩遂的战役中，韩遂阵营中有羌兵羌将，凶悍异常。夏侯渊就率领轻骑兵突袭长离，直捣羌屯，也就是羌将的后方，"攻烧羌屯，斩获其众。诸羌在遂军者，各还种落"。羌兵为救援自己的后方，各自散去，就削弱了韩遂的战斗力。

韩遂与夏侯渊对阵，诸将望见韩遂部众依然甚盛，颇为担心，就想安营扎寨，构建工事，和韩遂做阵地战。夏侯渊则不然，他说："我转斗千里，今复作营堑，则士众罢弊，不可久。贼虽众，易与耳。"将是兵的胆，夏侯渊勇气凛然，击鼓进发，"大破遂军，得其旌麾"。

夏侯渊的妻子是曹操的妻妹，而夏侯渊的长子夏侯衡又娶了曹操弟弟的女儿，可谓亲上加亲，恩宠特隆。

正是因为这样的亲属关系，曹操也特别的关心夏侯渊，《三国志·魏书·夏侯渊传》中记载，曹操就专门提醒过他："为将当有怯弱时，不可但恃勇也。将当以勇为本，行之以智计；但知任勇，一匹夫敌耳。"

正如曹操所担心的，夏侯渊在阳平关督张郃与刘备相持，建安二十四年（219），在汉中定军山一战，夏侯渊虽率精兵，然黄忠黄汉升"推锋必进，劝率士卒，金鼓振天，欢声动谷，一战斩渊"。

夏侯渊的第五子夏侯荣当时随父出征，汉中一战，夏侯荣才十三岁，左右侍从让他赶紧撤退，他坚决不肯。并说："君亲在难，焉所逃死！"仗剑冲锋，遂战死。

七

夏侯霸夏侯仲权是夏侯渊的次子，也已经开始带兵作战。在夏侯渊为蜀汉所害后，夏侯霸常常咬牙切齿，以图报仇。

夏侯霸在前线多次与蜀汉交战，不避凶险，后为右将军，屯兵陇西，一方面练兵，一方面与当地少数民族处好关系，深受拥戴。正始年间，夏侯霸代替夏侯玄的堂弟夏侯儒为讨蜀护军右将军，归征西将军夏侯玄统属，进封博昌亭侯，夏侯玄是夏侯霸的侄子，而曹爽又是夏侯玄的表哥，因此，夏侯霸"素为曹爽所厚"。

司马懿政变后，曹爽被杀，夏侯玄被征，以雍州刺史郭淮代替夏侯玄出任征西大将军，并且，郭淮向来与夏侯霸不和。这些变故都让夏侯霸觉得危机四伏，随时都有性命之忧。

国内政局如此险恶，夏侯霸不是坐等被诛之人，既然是在前线，那就奔亡敌国。《魏氏春秋》中记载："初，夏侯霸将奔蜀，呼玄欲与之俱。玄曰：'吾岂苟存自客于寇虏乎？'遂还京师。"

夏侯玄明知回去是死，还是离不开曹魏。司马懿不久就死了，夏侯玄的好朋友许允许士宗说："无复忧矣。"夏侯玄就叹气说："士宗，卿何不见事乎？此人犹能以通家年少遇我，子元、子上不吾容也。"夏侯玄的意思是，许允看事情不清晰，司马懿还能看在世代交情上以后辈人来待遇夏侯玄，司马师司马昭兄弟绝对不会念及世代情谊。

八

既然夏侯玄那么留恋脚下的这片土地，夏侯霸管不了那么多，他骑马狂奔一路向南，树林茂密，至阴平而迷路，在山谷中摸索前进，求生的生命力是很坚强的。

经多日，所带的干粮吃完，无奈只能杀马步行，荒野求生总要好过回去等死，蜀汉与曹魏之间的崎岖山路，并不好走，以至于夏侯霸脚破，只好躺在岩石下，使人探路。

庆幸两国交战，常有往来，何况多日南行，已经接近蜀地，夏侯霸被困山谷中的消息，很快被蜀汉得知，蜀汉赶快派人迎接。

蜀汉皇帝刘禅亲自接见夏侯霸，还宽慰夏侯霸说："卿父自遇害于行间耳，非我先人之手刃也。"还把自己的孩子叫过来，指着他们对夏侯霸说："此夏侯氏之甥也。"于是，拜夏侯霸为车骑将军，厚加爵宠。

刘禅和夏侯霸也是亲戚？

的确，建安五年（200），张飞在前线作战，夏侯霸的堂妹也就是十三四岁的年龄，在山中砍柴采果，被张飞看到，"飞知其良家女，遂以为妻"，两人生下的女儿又嫁给了刘禅，成为蜀汉的皇后。所以，当时夏侯渊阵亡的时候，张飞的妻子出面葬了夏侯渊。

夏侯霸到了蜀汉之后，跟随姜维讨伐曹魏，《汉晋春秋》记载，姜维问及曹魏政局："司马懿既得彼政，当复有征伐之志不？"意思是司马懿会不会在当政之后出兵伐蜀？夏侯霸就说，他们正在忙着整理内政，无暇应付外事，不过，"有钟士季者，其人虽少，终为吴、蜀之忧，然非非常之人亦不能用也"。

十五年之后，钟会果然灭蜀。

九

夏侯玄没有逃亡，但他在曹魏朝中的日子并不好过，尽管名望甚高，"玄自从西还，不交人事，不蓄华妍"。原来夏侯玄还是中护军，总统诸将，负责武官选举，曹爽之死，由司马师出任护军，夏侯玄也甚是郁闷。

中书令李丰李安国、光禄大夫张缉合谋以夏侯玄为辅政大臣，借着大将军司马师参加皇帝册封贵人的机会，袭杀司马师，让夏侯玄出任大将军，以张缉为骠骑将军。《魏氏春秋》记载，事泄，司马师就把李丰叫过来责问，李丰知道祸已至此，就正色地说："卿父子怀奸，将倾社稷，惜吾力劣，不能相禽灭耳！"司马师大怒就杀了他。

夏侯玄在狱中，经拷打不出一言，"临斩东市，颜色不变，举动自若，时年四十六"。卫将军司马昭流着眼泪为夏侯玄请命，大将军司马师说："卿忘会赵司空葬乎？"

原来，司空赵俨去世，司马师、司马昭兄弟前往参加葬礼，宾客有上百人，夏侯玄比他们哥俩儿来得要晚一些，他一出现，"众宾客咸越席而迎，大将军由是恶之"。

对夏侯玄，司马昭的敬慕，司马师的厌恶，表面上是因为夏侯玄的名士风范，其深刻的原因依然是集团利益，就如同后来司马昭杀了谯郡嵇康一样。

十

嵇康嵇叔夜，"文辞壮丽，好言老、庄，而尚奇任侠"，一样为当世名士，与陈留阮籍、河内山涛、沛国刘伶、陈留阮咸、河内向秀、琅琊王戎相友善，七人常集于竹林之下，肆意畅饮，故世人称他们为"竹林七贤"。

《世说新语》记载："嵇康身长七尺八寸，风姿特秀。见者叹曰：'萧萧肃肃，爽朗清举。'或云：'肃肃如松下风，高而徐引。'山公曰：'嵇叔夜之为人也，岩岩若孤松之独立；其醉也，傀俄若玉山之将崩。'"从容貌上，嵇康风度过人，那个时代用以形容人之潇洒容貌，竟然源自于大自然的美，以松下之风，为比喻，可谓精妙绝伦。至于山涛称赞他的为人，则是以孤松相媲美，高处而立，卓然不群；若是酒醉的时候，如同玉山之倾危。

司马师、司马昭兄弟正处心积虑地替代曹魏政权，而夏侯玄不仅仅是因为名士的影响力，更为重要的是，他是曹魏后期尤其是曹爽执政中最为富有谋略才干之人，夏侯玄死后，曹氏集团再无中坚人才支撑，即便是后来的毋丘俭、诸葛诞起兵，都没有夏侯玄的影响力和凝聚力。

而嵇康则是心有魏室，他本是曹魏宗室的女婿，娶曹操曾孙女长乐亭主，后官至中散大夫，世称"嵇中散"。由于不愿意与司马昭合作，而且平时还不给钟会面子，钟会便劝司马昭杀了嵇康，嵇康"临刑自若，援琴而鼓，既而叹曰：'雅音于是绝矣！'"

后，世间再无《广陵散》。

十一

竹林七贤之一的王戎王濬冲，也是七贤中年龄最小的一个。六七岁的时候被魏明帝曹叡称之为奇，也就是后代故事中知道道路上的李子是苦的的小孩。在晋朝建立后，吏部郎缺，司马昭问钟会，钟会说："裴楷清通，王戎简要，皆其选也。"于是王戎先后出任散骑常侍、河东太守、荆州刺史，还参与了灭东吴之战。陆续升迁光禄勋，拜吏部尚书，后官至司徒。

《晋书》中记载，王戎已经是尚书令的官职，穿着官服，乘着辂车，也就是由一匹马拉的有盖的古军车。从黄公酒垆下过，他突然想起往事与故人，回过头对后车上的客说："吾昔与嵇叔夜、阮嗣宗酣畅于此，竹林之游亦预其末。自嵇、阮云亡，吾便为时之所羁绁。今日视之虽近，邈若山河！"

　　悠悠岁月，万古江河，多少往事如同昨天，如今睹物思人，想起那些老友，竟然生命飘零，杳无踪迹，当年情形，怎能不让人心里泛起无边的思绪，物是人非，看上去很近，却有山河之遥。

　　后世的史学家，《后汉书》的作者范晔，在狱中写"虽无嵇生琴，庶同夏侯色"，便是从嵇康和夏侯玄身上汲取了一种直面生死的力量。

　　夏侯玄和嵇康，毕竟，那是一个时代，远去，邈若山河！

后记

　　出四川警事科学研究院的大门往左拐，直行两千米左右，十字路口处，左手边便是一群古人的塑像：诸葛丞相，高高大大地居中而立，羽扇前指，气宇非凡。他身后的将士们，战马奔腾如在嘶鸣，盔甲严整如在阵中，蜀汉的战旗更是迎风猎猎，军威甚盛。每一次，走过这里，我们站在这群古人的塑像面前仰望，三国蜀汉英雄气，也就陡然而生，激荡心胸。

　　这里是牧马山，据成都平原之高处，江安河与杨柳河从西北蜿蜒而来，绕山而过，树木葱茏，田野丰茂，是一处绝佳的好山水，如今也是四川警事科学研究院的所在地，战训合一，育警铸魂。据历史记载，这里也是三国蜀汉丞相诸葛亮的牧马之地，才有了这一幕古战场的巍巍雕塑。在诸葛亮屯兵牧马山雕塑之碑记上，写着：《蜀中名胜志》记载，"蜀先主刘备于此置'籍田'，牧马江中"。双流西南诸山即成为蜀国屯兵养马之地，"牧马山"由此见称于世，沿袭至今。

　　少年读三国，读的是赵云赵子龙的长坂坡，血气方刚，酣畅淋漓；读的是张辽张文远的逍遥津，冲锋陷阵，威震江东；读的是甘宁甘兴霸的夜袭曹营，孤军惊敌，鼓吹而还。

　　中年读三国，读的是创业维艰，守成更难，资源配置，多方周旋，魏蜀吴三家，谁的一大摊子，收拾妥当都不容易，都在努力探索一种长久发展的模式。

　　若是，平心而论，放下不必要的功利，去品读三国，实则是一场跨越时空的人物相处与灵魂对话。那为啥人们总喜欢找三国时代的人物聊天对话呢？因为，他们太有趣了，太真实了：无论是光芒万丈的主角，还是偶然提了一笔的配角，每一个人物身上都充满了优点和缺点，都有那么多了不起的地方，又都有那么多的"毛病"所在，简直就是不完美的完美存在，那么鲜明，那么可爱，阳光酣畅，自信昂扬。这，正是三国的迷人之处。

　　四月的牧马山，梅子已在枝头，树下茶座，读此三国，如饮醇醪，不觉自醉。

张学勤

2024 年 4 月 18 日